Vente du Lundi 30 Mars 1903
HOTEL DROUOT — SALLE N° 7

CATALOGUE

D'UN CHOIX DE TRÈS BEAUX

LIVRES MODERNES

RECOUVERTS DE

RICHES RELIURES

PAR LES PRINCIPAUX

Maîtres Ès-Reliures d'Art Contemporains

PROVENANT DE LA

BIBLIOTHÈQUE DE Mr M. MÉRIC

de la Société des Cent Bibliophiles.

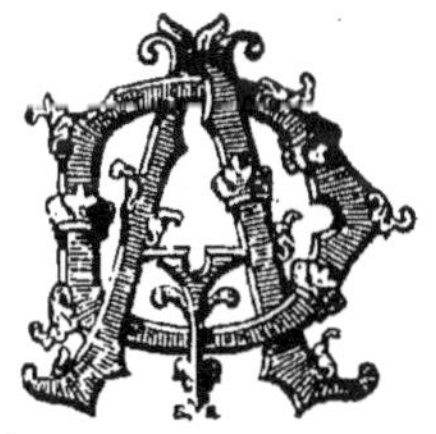

PARIS
A. DUREL, LIBRAIRE
21, RUE DE L'ANCIENNE-COMÉDIE, 21
9 ET 11, PASSAGE DU COMMERCE, (VIe ARR.)

1903.

CATALOGUE

D'UN CHOIX DE TRÈS BEAUX

LIVRES MODERNES

PROVENANT DE LA

BIBLIOTHÈQUE DE Mr M. MÉRIC

de la Société des Cent Bibliophiles.

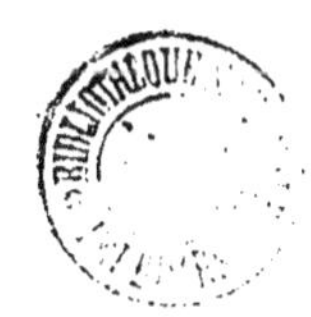

LA VENTE AURA LIEU

LE LUNDI 30 MARS 1903

A deux heures précises de l'après-midi

HOTEL DES COMMISSAIRES-PRISEURS, 9, RUE DROUOT

Salle n° 7, au premier étage

Par le Ministère de Me MAURICE DELESTRE ✻, Commissaire-Priseur

5, Rue Saint-Georges, 5

Assisté de M. A. DUREL, O. I. ✪, Libraire-Expert,

21, rue de l'Ancienne-Comédie, 9 et 11, passage du Commerce.

☞ *Voir l'ordre de la Vacation au verso du titre.*

Exposition particulière à notre Librairie du Lundi 23 au Vendredi 27 Mars, de deux heures à cinq heures.

EXPOSITION PUBLIQUE LE DIMANCHE 29 MARS

Hôtel Drouot, salle n° 7, de deux heures à cinq heures.

CONDITIONS DE LA VENTE

La Vente se fera au comptant.

Les acquéreurs payeront **10 p. 100** en sus des adjudications.

Les livres devront être collationnés dans les vingt-quatre heures de l'adjudication. Passé ce délai, ils ne seront repris pour aucune cause.

M. A. DUREL, **chargé de la vente, remplira aux conditions d'usage, les Commissions des personnes qui ne pourraient y assister**

CATALOGUE

D'UN CHOIX DE TRÈS BEAUX

LIVRES MODERNES

RECOUVERTS DE

RICHES RELIURES

PAR LES PRINCIPAUX

Maîtres Ès-Reliures d'Art Contemporains

PROVENANT DE LA

BIBLIOTHÈQUE DE Mr M. MÉRIC

de la Société des Cent Bibliophiles.

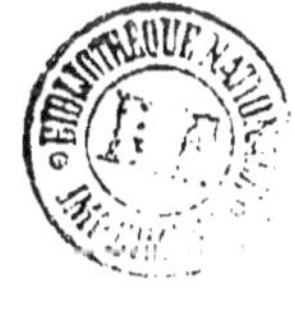

PARIS

A. DUREL, LIBRAIRE

21, RUE DE L'ANCIENNE-COMÉDIE, 21

9 ET 11, PASSAGE DU COMMERCE, (VIe ARR.)

1903.

ORDRE DE LA VACATION

Numéros . . . . 49 à 109

Numéros . . . . 1 à 48

PRÉFACE

Les Maîtres ès-reliures d'art conquièrent enfin la place due à l'effort esthétique qu'ils ont vaillamment soutenu au cours de ces vingt dernières années.

Toute vente de livres modernes est non seulement une victoire remportée par le livre contemporain lui-même, mais par l'artisan sincère qui l'a somptueusement ou sobrement vêtu.

Et, certes, les relieurs ne se plaindront pas d'être négligés cette année par la turbulente et souriante Renommée. Après la dispersion de la Bibliothèque de La Croix-Laval voici, presque aussitôt, celle de M. Méric. Et, toutes deux chantent, à pleines pages de catalogues luxueux, la gloire des ors et des maroquins, vibrants *de profundis* de collections défuntes que renforcent les reproductions habiles des plus séduisants volumes ! Une présentation, en un mot, à rendre jaloux les virtuoses de la palette. Ferait-on mieux pour leurs œuvres ? Et ceci ne va-t-il pas, non tuer, mais blesser cela ?

Rassurez-vous. La modestie, bien connue, de nos artistes-relieurs ne nous fait pas craindre une réminiscence de la fable : *La grenouille qui veut se faire aussi grosse que le bœuf.*

A l'exception de deux ou trois, tous les noms de la Collection du Vte de La Croix-Laval se retrouvent ici et, encore avons-nous, en plus, à tenir compte de deux jeunes qui veulent se faire jour et qui méritent d'être encouragés : Bretault et Noulhac.

Tout honneur soit rendu aux Maîtres incontestés et incontestables : Marius-Michel et Mercier représentés, cette fois, par onze reliures. Parmi ces dernières, *Le Passant*, à décor de flore hiératique mosaïquée ; *Mon Oncle Barbassou*, traitée dans le style oriental et dues toutes deux à Marius-Michel, retiendront certainement l'attention des amateurs ; ainsi que *La Chaîne d'Or*, de Mercier, avec l'encadrement si délicat de sa décoration, s'assimilant le sujet avec tant de bonheur que le titre de l'ouvrage est devenu celui de la reliure. A signaler également sa doublure d'un goût exquis. Nous retrouvons encore ces qualités de tact et d'élégance dans *Le dernier Abbé* où la perle et les trophées Louis XVI se jouent délicieusement dans un encadrement de haut style. *La légende de saint Julien l'Hospitalier* a toute la pureté classique d'un Grolier, avec la supériorité de l'exécution, et ce sont là des exemplaires qui ne lasseront jamais un véritable ami des belles reliures.

Lortic fils est représenté par deux de ses œuvres : *Hérodias*, aux jeux, très experts de filets droits, brisés et courbés ; et *Inès de Las Sierras*, à la décoration de style hispano-arabe, inhérente au sujet. Dix-huit reliures de Chambolle-Duru montrent assez en quelle estime M. Méric tenait des exemplaires tels que *Le Chevalier de Maison-Rouge*, *Une nuit de Cléopâtre*, *La Fille Elisa*, etc.

Les Trophées, hautaine et harmonieuse composition, *La Parisienne*, souple et intelligent décor, de Raparlier, demeureront parmi les exécutions réussies et recherchées de cet artiste qui mourut au moment où il commençait à se faire une place des plus enviables.

Les vingt-trois reliures de Carayon présentent à leur tête *Notre-Dame de Paris* et ses interprétations symboliques, moyennâgeuses, ciselées et peintes sur cuir par Rudaux. L'exubérance du décor tropical de *Fortunio* offre une originalité non dépourvue de charme.

Et voici que nous pouvons opposer, grâce à dix-neuf spécimens, l'ancienne et la nouvelle manière de Charles Meunier, et apprécier ainsi les variations auxquelles peut prêter chez un seul ouvrier d'art, ce thème fertile en multiples ressources : l'art de décorer les reliures.

Dix-huit volumes sont rehaussés par les compositions de Champs où dominent, ainsi que l'on sait, les jeux de filets droits, courbés, croisés et les ornements dorés, tel se présente le riche et habile encadrement de *La Mouche*.

Et, les descriptions gagnant toujours à être abrégées, le simple fait de feuilleter le présent Catalogue et d'en examiner les fac-similes, en dira beaucoup plus long qu'elles, en moins de temps.

Nous dirons donc seulement, pour nous résumer, que, parallèle à la Collection de La Croix-Laval, la Collection de M. Méric embrasse le même cycle de volumes modernes et, très curieuse à étudier également au point de vue de l'illustration contemporaine, elle vient compléter l'histoire bibliopégique dont les phases récentes ont été décrites avec tant de maîtrise par M. Henri Béraldi.

Aussi, ne manquera-t-elle pas d'exciter vivement la curiosité et les convoitises des amateurs bibliophiles.

Au moment de terminer cette préface, nous apprenons la mort de M. le Baron de Claye. Nous nous associons vivement aux regrets unanimes que cette disparition d'un de nos confrères les plus distingués, va causer dans le monde des lettres et de la bibliophilie.

Il convient de rappeler ici que, parmi ses nombreux travaux bibliographiques, le Baron de Claye traita, de sa plume compétente, plusieurs préfaces d'éditions de Bibliophiles qui furent très appréciées.

RENÉE PINGRENON.

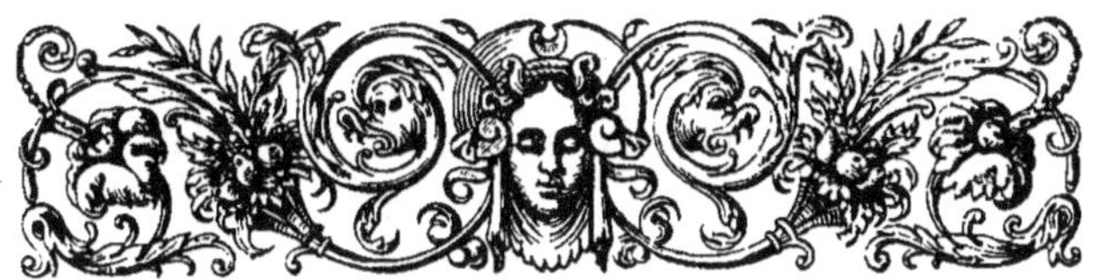

CATALOGUE

DE LA

BIBLIOTHÈQUE

DE Mr M. MÉRIC

de la Société des Cent Bibliophiles.

1. **ABOUT** (Edmond). **Les Mariages de Paris** (Illustrations de Piguet, gravées sur bois par Huyot). *Paris, Imprimé pour les Amis des Livres, par A. Lahure*, 1887, pet. in-8, mar. vert, dos orné, jeux de filets droits et courbés formant encadrement, 3 filets en bordure dont 1 au pointillé, doublé de soie vieux rose, bande de mar. vert avec encad. de filets dont 1 au pointillé, tr. dor. sur broch. couv. étui (*A. Cuzin*).

Edition tirée à **115** exemplaires numérotés, tous sur PAPIER DE CHINE, avec la suite des bois tirés à part (N° 102).

2. **Annales** Administratives et Littéraires des Bibliophiles Contemporains. Recueil de l'Académie des Beaux Livres, pour 1889-1894. *Paris, imprimé pour les Sociétaires de l'Académie des Beaux Livres*, 1890-1894, 6 vol. ou broch, gr. in-8, portr. en noir et en couleurs, fig. dans le texte, en 5 vol. cart. toile, non rog.

3. **Balades dans Paris.** Au Moulin de la Galette — A l'Hôtel Drouot — Sur les Quais — Au Luxembourg. Notes inédites par MM. E. R. (Rodrigues), Paul Eudel, B.-H. Gausseron et Adolphe Retté. *Paris, Imprimé pour les « Bibliophiles Contemporains » Académie des Beaux Livres*, 1894, pet. in-4. Illustrations de A. Bertrand, texte avec cadres lithographiques polychromes, composés et mis sur pierre par Alexandre Lunois, mar. La Vall. grande composition mosaïque or et couleurs, couvrant le premier plat, où l'on voit un sergent de ville, un porte crayon, bec de gaz, feuilles, bande de mar. avec l'inscription : *Circulez !!!*, hirondelles, doublé d'étoffe de soie, bande de mar. avec semis d'hirondelles, tr. dor. sur broch. couv. étui (*Ch. Meunier 1898*).

Edition tirée à **180** exemplaires (n° 23) avec les figures noires et coloriées.

4. **BALZAC** (H. de). **Les Chouans.** Illustrations de Julien Le Blant, gravées sur bois par Léveillé. *Paris, E. Testard*, 1889, 2 vol. gr. in-8, couv. mar. rouge, dos orné, filets à la Dusseuil, chiffres aux angles, dent. int., tr. dor. (*Franz et Champs*).

L'un des **74** exemplaires tirés sur PAPIER DE CHINE, contenant le tirage à part sur Chine de toutes les gravures du texte et les eaux-fortes en **4** états.

Le tome II contient les tirages à part et **3** états des eaux-fortes.

5. **BALZAC** (H. de). **La Maison du Chat-qui-pelote.** Préface de F. Sarcey. Quarante compositions de Louis Dunki, gravées sur bois par Maurice Baud. *Paris, L. Conquet. — L. Carteret et Cie, succ*[rs], 1899, in-8, couv. illust., mar. vert olive à grain long, ornementation romantique sur le dos et les plats, 7 filets à l'int., tr. dor. sur broch., couv. (*Carayon*).

Tirage unique à **200** exemplaires sur PAPIER VÉLIN DU MARAIS à la forme (n° 20).

6. **BALZAC** (H. de). **Une Rue de Paris** et son habitant. Avant-propos par M. le Vte de Spoelberch de Lovenjoul. Illustrations de François Courboin. *Paris, A. Rouquette*, 1899, gr. in-8, couv. illustrée, mar. bleu clair, ornementation romantique dorée et à froid sur le dos et sur les

plats, doublé d'étoffe de soie vieux rose, large bande de mar. bleu clair, formant encadrement avec filets et perles, ornements aux angles, tr. dor. sur broch. (*Carayon*).

Tirage unique à **125** exemplaires numérotés sur PAPIER VÉLIN (n° **40**), avec le tirage à part, en noir, sur Chine volant, de toutes les illustrations.

AQUARELLE ORIGINALE INÉDITE de FRANÇOIS COURBOIN, sur le faux titre.

7. **BANVILLE** (Théodore de). **Gringoire,** comédie en un acte, en prose. Un portrait et quatorze compositions de J. Wagrez, gravées à l'eau-forte par L. Boisson. *Paris, L. Conquet — L. Carteret et Cie, succrs*, 1899, in-8 raisin, couv. mar. rouge foncé, très jolie ornementation à froid sur le dos et formant encadrement sur les plats, doublé d'étoffe de soie, bande de mar. rouge, formant encadrement et recouverte d'une dentelle aux petits fers, tr. dor. sur broch. (*Carayon*).

L'un des **30** exemplaires tirés sur grand PAPIER DU JAPON (n° 17) avec les eaux-fortes en **3** états dont l'eau-forte pure.

8. **BARBEY D'AUREVILLY** (Jules). **Le Bonheur dans le Crime,** préface par Paul Festugière. *Aux dépens de la Société normande du Livre illustré (Evreux, imprimerie Charles Hérissey)*, 1897, in-8, mar. tête de nègre, dos orné, les deux plats recouverts de compositions mo-

saïquées et dorées, orchidées, branche de cypripédium, serpent, doublé et gardes de soie grenat, dent. mosaïquée et dorée, doubles gardes, tr. dor. sur broch. couverture, étui (*Ch. Meunier 1898*).

Edition tirée à **85** exemplaires (nº 5) dont 50 mis dans le commerce, les dessins de P. Regamey ont été gravés à l'eau-forte par Monziès, le portrait de l'auteur peint par E. Lévy et gravé au burin par Burney.

Toutes les épreuves sont en **3** états dont l'eau-forte pure.

9. **BAUDELAIRE** (Charles). **Les Fleurs du Mal.** Illustrations de Carloz Schwabe. *Paris, Imprimé pour Charles Meunier*, 1900, gr. in-8, cart. veau marbré violet, avec sujet en mosaïque de mar. de diverses couleurs sur le premier plat, non rogné, couv. (*Ch. Meunier*).

Publication artistique ornée de 23 compositions à l'eau-forte en couleurs, dont **10** grands sujets hors texte.

Tirage strictement limité à **77** exemplaires numérotés à la presse (nº 9).

10. **BERGERET** (Gaston). **Les Evènements de Pontax.** Ecriture manuscrite et aquarelles originales d'après Henriot. *Paris, librairie Conquet, Carteret et Cie successeurs*, 1899, gr. in-8, couv. mar. rouge, dos orné, mosaïque sur les plats, encadrement à coins arrondis, avec petite bande de mar. bleu entourée de 4 filets dorés, aux angles

les cocardes de Pontax en mar. bleu ciel, doublé de soie bleue, large bande de mar. rouge formant encadrement et ornée de huit filets aux angles arrondis dans lesquels sont des ancres dorées, gardes de soie, doubles gardes, tr. dor. sur brochure, étui (*A. Cuzin*).

L'un des **25** exemplaires tirés sur JAPON (n° 11).
Sur le faux-titre TRÈS BELLE AQUARELLE ORIGINALE d'HENRIOT, l'illustrateur du livre.

11. **BOURGET** (Paul). **Cosmopolis**, roman, illustré d'Aquarelles, par Duez, Jeanniot et Myrbach (Edition du Figaro). *Paris, Lemerre*, 1893, in-8, mar. chaudron, dos orné, jeu de 10 filets croisés droits et courbés sur les plats, fil. int., tr. dor. sur broch. couv. (*Champs*).

Edition originale, avec la couverture.
L'un des **25** exemplaires tirés sur PAPIER DU JAPON (n° 10).
DEUX AQUARELLES ORIGINALES de JOSÉ ROY ajoutées.

12. **BOURGET** (Paul). **Pastels.** Dix portraits de femmes. Nouvelle édition, revue et corrigée par l'auteur. Illustrations de Robaudi et Giraldon. *Paris, L. Conquet*, 1895, in-8, mar. bleu gris, dos orné, filets droits et cintrés formant encadrement, fleurettes mosaïquées aux angles, dent. int., tr. dor. (*Marius-Michel*).

AQUARELLE ORIGINALE INÉDITE de ROBAUDI l'illustrateur du livre, ajoutée.

L'une des publications les mieux réussies de L. Conquet.

L'ornementation se compose de :

1° Onze aquarelles de Robaudi, imprimées en couleurs à la poupée et retouchées par l'artiste.

2° Trente-cinq aquarelles de Giraldon. (Une couverture, un fleuron de titre, dix en-têtes, dix lettres ornées, dix culs-de-lampe, un en-tête et un cul-de-lampe pour la table, un fleuron pour le verso de la couverture) reproduites en couleurs par Ducourtioux et Huillard.

Tirage unique à **200** exemplaires numérotés sur PAPIER DU JAPON (n° 176).

Planche 2.

13. **BOUTET** (Henri). **Autour d'elles.** Albums de luxe. *Paris, Paul Ollendorff et Cie, s. d.*, 3 vol. gr. in-4 jésus.

I. **Le Lever**, contenant la reproduction en fac-similés rehaussés de couleurs de 18 pastels de Henri Boutet. Préface d'Armand Silvestre, cart. dos et coins de mar. rouge, non rog.

L'un des **100** exemplaires tirés sur PAPIER VÉLIN DU MARAIS (n° 1) contenant un état du tirage des gravures, 18 lithographies originales d'après les pastels, tirées en différents tons et une lithographie originale ne figurant pas dans l'Album. Exemplaire enluminé et retouché au pinceau.

II. **Les Modèles**, contenant la reproduction en fac-similés rehaussés de couleurs de 18 pastels de Henri Boutet. Préface de Georges Montorgueil, cart. dos et coins de mar. rouge, non rog.

L'un des **60** exemplaires tirés sur PAPIER DU JAPON (n° 1) avec enluminure spéciale contenant toutes les épreuves des lithographies originales, un état sur Chine de toutes les planches et une lithographie en 3 états exécutée spécialement pour ces exemplaires.

III. **Le Coucher**, contenant la reproduction en fac-similés rehaussés de couleurs de 18 aquarelles de Henri Boutet préface de l'auteur, en carton.

L'un des exemplaires sur PAPIER DE LUXE (n° 1) contenant un CROQUIS ORIGINAL ayant servi à la composition de l'Album et une pointe sèche tirée en deux états.

14. **COIGNET (Les Cahiers du Capitaine),** (1776-1850). Publiés d'après le manuscrit original, par Lorédan Larchey, 84 gravures en couleurs et en noir d'après les dessins de Julien Le Blant. *Paris, Hachette et Cie,* 1896, in-4, mar. rouge, dos et plats, ornés de compart. de 7 filets dont un filet gras au centre, 7 fil. int., tr. dor. sur broch., couv. (*Chambolle-Duru*).

L'un des **40** exemplaires tirés sur PAPIER DU JAPON (nº 44) contenant une suite des planches hors texte grav. en taille-douce imprimées en couleurs à la poupée, avec remarques de l'artiste et une seconde suite des planches tirées en noir.

On y joint un DESSIN ORIGINAL à la plume de J. LE BLANT.

15. **COPPÉE** (François). **Le Passant,** comédie en un acte, en vers. Reproduction en fac-similé du manuscrit de l'auteur et d'une page de musique de J. Massenet. Compositions de Louis-Edouard Fournier, eaux-fortes de Léon Boisson. *Paris, A. Magnier,* 1897, gr. in-8, mar. bleu foncé, doublé de mar. bleu clair, guirlande de fleurs et feuilles hiératiques mosaïquées serties à froid, gardes étoffes de soie, doubles gardes, tr. dor. sur brochure, couv., étui. (*Marius-Michel*).

De la Collection des Dix.

L'un des **38** exemplaires tirés sur PAPIER DE CHINE (nº 26), avec 4 états des eaux-fortes.

Chaque page ornée d'une composition originale de Louis-Edouard Fournier, gravée à l'eau-forte par L. Boisson.

Texte héliogravé par Arents d'après le manuscrit de François Coppée.

Volume imprimé entièrement en taille-douce par Salmon (Porcabeuf).

16. **Caquets de l'Accouchée** (Les), publiés par D. Jouaust, avec une préface de Louis Ulbach. Eaux-fortes de Lalauze. *Paris, Librairie des bibliophiles*, 1888, in-8, couv. mar. vert, dos orné, mosaïque en trois tons, fil., dent. int., tr. dor. (*Champs*).

L'un des **170** exemplaires tirés sur PAPIER DE HOLLANDE, avec les eaux-fortes en deux états dont une suite sur Chine avant la lettre.

17. **DARZENS** (Rodolphe). **L'Amante du Christ**, scène évangélique, en vers. Préface de E. Ledrain. Frontispice gravé par Félicien Rops. *Paris, Lemerre*, 1888, plaq. in-8, mar. noir à long grain, coins et milieux dorés d'ornements emblématiques, dent. int., tr. dor. (*Carayon*).

Edition originale, avec la couverture.

L'un des rares exemplaires sur PAPIER DE HOLLANDE avec le frontispice de F. Rops avec lettre en sanguine et avant lettre avec sa signature et UN CROQUIS ORIGINAL de F. ROPS portant au dos un BILLET AUTOGRAPHE du MAITRE à Haraucourt.

18. **DEMOLDER** (Eugène). **Le Royaume authentique du Grand saint Nicolas**, illustré d'une couverture, d'un frontispice, de 30 croquis de Félicien Rops et de 5 dessins hors texte

d'Etienne Moranne. *Paris, Edition du Mercure de France, s. d.*, gr. in-8, couv. mar. vert à long grain, dos orné aux petits fers, 4 filets dont un gras sur les plats, 5 fil. int., tr. dor. sur broch. (*Champs*).

L'un des **15** exemplaires sur PAPIER DE HOLLANDE.

19. **DROZ** (G.). **Monsieur, Madame et Bébé.** Edition illustrée par Edmond Morin, et ornée d'un portrait de l'auteur en frontispice, gravé par Léop. Flameng. *Paris, V. Havard*, 1878, gr. in-8, titre r. et n., mar. rouge, dos orné, 2 filets en bordure, jeu de 8 filets, formant double encadrement, branches de feuillages aux angles, 5 filets espacés à l'intérieur, tr. dor. sur broch., couv. (*Carayon*).

Premier tirage des illustrations d'Edmond Morin.
Exemplaire sur PAPIER WHATMAN.

20. **DUMAS** (Alexandre). **Le Chevalier de Maison-Rouge.** Illustrations de Julien Le Blant, gravées sur bois par Léveillé. Compositions de Julien Le Blant, gravées à l'eau-forte par Géry-Bichard, préface par G. Larroumet. *Paris, E. Testard*, 1894 2 vol. gr. in-8, mar. grenat, dos ornés, sur les plats grande composition aux petits fers et aux filets droits et courbés, feuilles de laurier, rosaces, doublé de soie vert foncé, large bande de maroquin formant encadrement,

avec ornem. dorés, doubles gardes, tr. dor. sur broch., couv., étuis. *(Chambolle-Duru).*

L'un des **75** exemplaires tirés sur PAPIER DU JAPON extra-fort (n° 65) contenant :

1° Le tirage à part de toutes les gravures sur bois.

2° Les eaux-fortes de Géry-Bichard en 4 états, dont l'eau-forte pure avec remarque, tirées sur Japon.

Planche 3.

21. **DUMAS** (Alexandre). **Les Trois Mousquetaires,** avec une lettre d'Alexandre Dumas fils. Compositions de Maurice Leloir, gravures sur bois de J. Huyot. *Paris, Calmann Lévy,* 1894, 2 vol. in-4, br., couv., mar. bleu, dos ornés à 4 nerfs, avec la Croix des Mousquetaires et les épées des trois Mousquetaires en trophée, doublé de mar. bleu clair, sur fond de mar. bleu de Roi, grande composition mosaïque, or et couleurs, ornements aux angles, gardes de soie, doubles gardes, tr. dor. sur brochure, étuis. *(Ch. Meunier, 1899).*

L'un des **100** exemplaires imprimés sur PAPIER DE CHINE (n° 54) pour la Librairie L. Conquet, avec le tirage à part de toutes les illustrations.

22. **DUMAS FILS** (Alexandre). **La Dame aux Camélias,** préface de J. Janin, et nouvelle préface inédite de l'auteur. Illustrations de A. Lynch. *Paris, Quantin, s. d.,* in-4, couv. illust., mar. rouge, dos orné mosaïque, double encad. de 3 filets

avec ornements mosaïqués aux angles, dent. int., tr. dor. sur broch., couv. (*Champs*).

L'un des **100** exemplaires tirés sur PAPIER DU JAPON, contenant les eaux-fortes en deux états dont l'avant lettre avec remarque sur Japon.

On y joint :

1° La suite de A. de Neuville sur Chine.

2° 3 portraits d'Alex. Dumas.

3° 1 portrait de Jules Janin.

23. **Féminies.** Huit chapitres inédits dévoués à la Femme, à l'Amour, à la Beauté, par Gyp, Abel Hermant, Henri Lavedan, Marcel Schwob et Octave Uzanne. Huit frontispices en couleurs d'après Félicien Rops, encadrements et vignettes de Rudnicki. *Paris, Imprimé pour les « Bibliophiles Contemporains » Académie des Beaux Livres*, 1896, gr. in-8, couv. bleu, cart., dos et coins de mar. bleu ciel, non rog. (*Champs*).

Edition tirée à **183** exemplaires (n° 153).

24. **FEUILLET** (Octave). **Monsieur de Camors.** Onze compositions par S. Rejchan, gravées à l'eau-forte par Mme Louveau-Rouveyre, MM. Daumont et Duvivier. *Paris, Quantin*, 1885, in-4, couv., mar. rouge à long grain, dos orné aux petits fers et au pointillé, 2 filets sur les plats, 4 filets à l'intér., tr. dor. sur br. (*Champs*).

L'un des **100** exemplaires tirés sur PAPIER DU JAPON (n° 38) avec deux suites des planches, épreuves terminées sur

Hollande à la cuve et sur Japon, avant la lettre et un grand nombre de pièces d'épreuves d'artistes et un beau portrait avant la lettre.

25. **FEYDEAU** (Ernest). **Fanny**, étude. *Paris, Amyot*, 1858, in-8, titre r. et n., mar. lilas, dos orné, filets sur les plats, dent. int., tr. dor. sur broch., couv. (*Champs*).

Edition unique tirée à **100** exemplaires tous sur PAPIER DE HOLLANDE (n° 78).

Bel envoi autographe signé au Baron Pichon.

26. **FLAUBERT** (Gustave). **Un Cœur simple**, illustré de Vingt-trois compositions par Emile Adan, gravées à l'eau-forte par Champollion, préface par A. de Claye. *Paris, A. Ferroud*, 1894, in-8 raisin, couv., mar. bleu sombre, dos orné, grande décoration de filets, feuilles de chêne et glands dorés, formant encadrement, doublé d'étoffe de soie à fleurs, filets à l'int., tr. dor. sur broch. couv. étui. *(Ch. Meunier 1898)*.

L'un des **50** exemplaires tirés sur PAPIER DU JAPON (n° 108) avec deux états des eaux-fortes, eaux-fortes terminées avant la lettre avec remarques et eaux-fortes avec la lettre.

Très jolie AQUARELLE ORIGINALE inédite de BOURDIN, ajoutée.

Planche 4.

27. **FLAUBERT** (Gustave). **Hérodias**. Compositions de Georges Rochegrosse, gravées à l'eau-forte par Champollion, préface par Anatole

France. *Paris, A. Ferroud*, 1892, in-8 raisin, couv., mar. rouge, dos orné de filets, sur les plats, très riche décoration formant encadrement aux jeux de filets droits, brisés, courbés, encad. de filets sur une large bande de mar. à l'int., tr. dor. sur broch. (*Lortic fils*).

L'un des **50** exemplaires tirés sur PAPIER DU JAPON (nº **108**), avec deux états des eaux-fortes; eaux-fortes terminées avant la lettre avec remarques et une suite avec la lettre. Planche 5.

28. **FLAUBERT** (Gustave). **La Légende de Saint-Julien l'Hospitalier**, illustrée de Vingt-six compositions par Luc-Olivier Merson, gravées à l'eau-forte par Géry-Bichard, préface par Marcel Schwob. *Paris, A. Ferroud*, 1895, in-8 raisin, mar. vert foncé, dos et plats ornés d'une belle composition de filets droits et cintrés style renaissance, doublé de soie noire striée de rouge, bande de mar. vert, recouverte de dent. aux petits fers, tr. dor. sur broch., couv. étui (*Mercier*).

L'un des **50** exemplaires tirés sur PAPIER DU JAPON (nº **124**) avec deux états des eaux-fortes ; eaux-fortes terminées avant la lettre avec remarques, eaux-fortes avec la lettre. Planche 6.

29. **FLORIAN. Fables**, avec une préface par Honoré Bonhomme. Dessins d'Emile Adan, gravés à l'eau-forte par Le Rat. *Paris, Librairie des bibliophiles*, 1886, in-8, mar. bleu, dos orné, filets

et ornem. dorés aux petits fers sur les plats, dent. int., tr. dor. sur broch., couv. (*Champs*).

L'un des **20** exemplaires tirés sur PAPIER DE CHINE (n° 22) avec les eaux-fortes en deux états dont l'avant lettre.

30. **FRANCE** (Anatole). **Balthasar et la Reine Balkis**. Aquarelles originales d'après Henri Caruchet. *Paris, Librairie Conquet. L. Carteret et Cie*, 1900, in-8, couv. illust., mar. rouge, doublé avec deux AQUARELLES ORIGINALES de CARUCHET, dans un encad. de mar. rouge, avec mosaïque multicolore, garde d'étoffe orientale, tr. dor. sur broch., étui. (*A. Cuzin*).

Edition non mise dans le commerce.

L'un des exemplaires sur PAPIER VÉLIN DU MARAIS, avec tirage à part des aquarelles sur Chine.

Les figures dans le texte ont été aquarellées par l'artiste.

31. **FRANCE** (Anatole). **La Leçon bien apprise**, conte inédit. Imagé et Manuscrit par Léon Lebègue, tiré en deux tons sur un superbe vélin du Japon, et entièrement aquarellé à la main sous la direction de l'artiste, double tirage des gravures en noir avant texte sur Chine. *Paris, Imprimé pour les Bibliophiles Indépendants, H. Floury*, 1898, in-8 carré, mar. chaudron, gardes de soie, tr. dor. sur broch., couv., étui. (*Ch. Meunier*).

Exemplaire ayant comme doublure DEUX AQUARELLES ORIGINALES DE L. LEBÈGUE.

Edition tirée à **200** exemplaires (n° 114).

32. **GAUTIER** (Théophile). **La Chaîne d'Or.** Illustrations de Georges Rochegrosse, préface par Marcel Schwob. *Paris, A. Ferroud,* 1896, gr. in-8, mar. vert, dos et plats ornés d'une grande composition aux filets gras et maigres avec ornements dorés aux angles, doublé de mar. rouge, très jolie décoration à la *chaîne d'or*, avec ornements orientaux, gardes de tabis rouge foncé, doubles gardes, tr. dor. sur broch., couv., étui. (*Mercier*).

Tirage limité à **200** exemplaires contenant une suite en couleurs des illustrations avec le texte, et une suite en noir hors texte.

Planche 8.

33. **GAUTIER** (Théophile). **Fortunio.** Réimpression textuelle de l'édition originale. Vingt-quatre Lithographies en couleurs de A. Lunois. *Paris, Librairie des bibliophiles,* 1898, in-4, mar. vert myrthe, dans le premier plat est enchassé un cuir giselé, représentant un paon à la queue déployée sur fond de décor oriental, avec arbustes tropicaux, doublé de moire verte, large bande de mar. vert, avec ornements dorés aux petits fers, tr. dor. sur broch., couv., étui. (*Carayon*).

L'un des **40** exemplaires tirés sur PAPIER DE CHINE (n° 48) contenant une triple suite des états (premier état, tirages à part en noir, lithographies terminées en couleurs).

Planche 9.

34. **GAUTIER** (Théophile). **Jean et Jeannette,** illustré de Vingt-quatre compositions par Ad. Lalauze, préface par Léo Claretie. *Paris, A. Ferroud,* 1894, in-8 raisin, mar. bleu sombre, très belle décoration aux jeux de filets droits et cintrés sur le dos et sur les plats, doublé de soie bleue à ramages, large bande de mar. bleu formant encadrement avec 9 filets dorés, doubles gardes, tr. dor. sur broch., couv., étui. *(Marius-Michel).*

L'un des **50** exemplaires sur PAPIER DU JAPON (nº 139), avec deux états des eaux-fortes.

Planche 10.

35. **GAUTIER** (Théophile). **La Mille et Deuxième Nuit,** illustrée de neuf compositions par Ad. Lalauze, préface par L. Gastine. *Paris, A. Ferroud,* 1898, in-8 raisin, mar. vert olive, dos orné, jeu de filets droits et cintrés à composition orientale, doublé d'étoffe de soie de couleurs vives, large bande de mar. vert olive formant encad., 8 filets à l'int., tr. dor. sur broch., couv., étui. *(David).*

Exemplaire tiré sur grand PAPIER DU JAPON (nº 19), avec 3 états des eaux-fortes ; eau-forte pure, eau-forte terminée avant lettre, avec remarques, eau-forte avec la lettre.

DEUX CHARMANTES AQUARELLES ORIGINALES d'A. LALAUZE, l'illustrateur du livre.

Planche 11.

36. **GAUTIER** (Théophile). **Le Roi Candaule,** illustré de 21 Compositions par Paul Avril, pré-

face par A. France. *Paris, A. Ferroud*, 1893, in-8 raisin, mar. vert Metternich, dos orné de filets dorés et de pointillés avec mosaïque au centre de chaque nervure, sur les plats très belle décoration aux jeux de filets style pompéïen avec bande de maroq. blanc en mosaïque, doublé de moire mauve, large bande de mar. vert, avec 7 filets dorés, doubles gardes, tr. dor. sur broch., couv., étui. *(Raparlier)*.

L'un des **50** exemplaires tirés sur PAPIER DU JAPON (n° 128), avec deux états des eaux-fortes; eaux-fortes terminées avant la lettre avec remarques et une suite avec la lettre.
Planche 7.

37. **GAUTIER** (Théophile). **Une Nuit de Cléopâtre,** illustrée de 21 compositions dessinées et gravées à l'eau-forte par Paul Avril, préface par A. France. *Paris, A. Ferroud*, 1894, in-8 raisin, couv. mar. La Vall. dos et plats ornés de jeux de 17 filets brisés, 6 filets à l'int., tr. dor. sur broch. *(Chambolle-Duru)*.

L'un des **50** exemplaires tirés sur PAPIER DU JAPON (n° 124), avec deux états des eaux-fortes, eaux-fortes terminées avant la lettre avec remarques et eaux-fortes avec la lettre.
Planche 12.

38. **GONCOURT** (Edmond et Jules de). **Madame de Pompadour.** Nouvelle édition, revue et augmentée de lettres et documents inédits, tirés

du dépôt de la Guerre, de la Bibliothèque de l'Arsenal, des Archives nationales, etc. Illustrée de 55 reproductions sur cuivre, par Dujardin, et de 2 planches en couleurs, par Quinsac, d'après des originaux de l'époque. *Paris, Firmin-Didot et Cie,* 1888, in-4, couv. mar. vert, dos et plats ornés de jeux de 11 filets pleins et au pointillé, 7 filets à l'int., tr. dor. sur broch. (*Bretault*).

L'un des **75** exemplaires tirés sur PAPIER DU JAPON (n° 53).

39. **GONCOURT** (Edmond de). **La Fille Elisa.** Compositions et eaux-fortes originales de Georges Jeanniot. *Paris, E. Testard,* 1895, in-8 raisin, couv. illust., mar. rouge, dos orné, 3 fil., dent. int., tr. dor. (*Chambolle-Duru*).

De la collection des Dix.
L'un des **38** exemplaires sur PAPIER VÉLIN à la cuve (n° 55), renfermant une triple suite des eaux-fortes et l'affiche de publication.

40. **GOUDEAU** (Emile). **Poèmes Parisiens.** Illustrations de Ch. Jouas, gravées sur bois par H. Paillard. *Paris, Imprimé pour Henri Beraldi, par Lahure,* 1897, in-8 raisin, mar. La Vall., doublé de mar. bleu, très large bordure mosaïquée et dorée, fil., gardes de soie bleue, doubles gardes, tr. dor. sur broch., couv. (*Marius-Michel*).

Tirage unique à **138** exemplaires sur PAPIER DE CHINE numérotés à la presse (n° 65).

41. **HALÉVY** (Ludovic). **La Famille Cardinal.** Illustrations de Charles Léandre. *Paris, E. Testard*, 1893, gr. in-8, en-têtes, culs-de-lampe et front. gravé à l'eau-forte, par L. Muller, couv. mar. rouge, dent. int., tr. dor. sur brochure. (*Allô*).

L'un des **75** exemplaires tirés sur PAPIER DU JAPON (n° 5), contenant : 1° la suite des 10 grandes compositions de Ch. Léandre, gravées à l'eau-forte par L. Muller, en 4 états dont l'eau-forte pure avec remarque. — 2° la suite des en-têtes et culs-de-lampe en 3 états dont l'eau-forte pure avec remarque. 3° le tirage à part des compositions intercalées dans le texte et gravées sur bois par Léveillé et Ruffe.

42. **HALÉVY** (Ludovic). **Mariette.** Quarante compositions de Henry Somm. *Paris, L. Conquet*, 1893, in-8, mar. vert Metternich, dos orné, filets en bordure et quadruple encad. de filets dont un au pointillé avec ornem. dorés aux angles formant encadrement, dent. int., tr. dor. sur broch., couv. (*Allô*).

L'un des **100** exemplaires tirés sur PAPIER DU JAPON (n° 84), avec les encadrements peints à l'aquarelle, et le tirage à part en noir sur Chine.

43. **HAMILTON** (Antoine). **Mémoires du Comte de Grammont.** Un portrait de A. Hamilton et trente-trois compositions de C. Delort, gravés au burin et à l'eau-forte par L. Boisson, préface de H. Gausseron. *Paris, L. Conquet*, 1888, gr. in-8,

couv. mar. bleu, dos et plats ornés d'un jeu de 7 filets, 7 filets à l'int., tr. dor. sur broch. (*Chambolle-Duru*).

L'un des **35** exemplaires tirés sur PAPIER VÉLIN DU MARAIS (n° 98), avec 2 états des planches dont le tirage à part de toutes les illustrations avant toute lettre.

44. **HARAUCOURT** (Edmond). **L'Effort. — La Madone — L'Antéchrist — L'Immortalité — La fin du Monde.** *A Paris, publié pour les Sociétaires de l'Académie des Beaux Livres, Bibliophiles Contemporains*, 1894, in-4, mar. vert foncé, sur le premier plat, très belle composition mosaïque sans or, encadrant le titre, doublé d'étoffe, large bande de mar. vert avec 8 filets dorés formant encad., doubles gardes, tr. dor. sur brochure, couv., étui.

Illustrations de MM. Alex. Lunois, Eug. Courboin, Carlos Schwabe, Alex. Séon.
Edition tirée à **160** exemplaires (n° 21) non mis dans le commerce.

45. **HENNIQUE** (Léon). **Pœuf.** Edition illustrée de 45 dessins inédits de Jeanniot, gravés sur bois par Viejo. *Paris, H. Floury*, 1899, gr. in-8, mar. rouge, grande composition mosaïque sans or, de feuilles de latanier enguirlandant une double bande de mar. brun, formant encadrement, dos orné de feuilles mosaïquées, doublé de soie noire

et verte à grands dessins, large bande de mar. rouge avec une petite bande de mar. brun et filets dorés, ornem. aux angles, doubles gardes, tr. dor. sur broch., couv., étui *(Noulhac)*.

L'un des **35** exemplaires tirés sur PAPIER DU JAPON à la forme (n° 15) auquel on a ajouté la SUITE des FUMÉS, avec la signature du graveur.

Planche 13.

46. **HÉRÉDIA** (José-Maria de). **Les Trophées.** *Paris, Lemerre*, 1893, in-8, titre r. et n., mar. rouge, grande mosaïque en mar. modelé aux Trophées entourés de guirlandes de feuilles de laurier et d'orchidées sur fond criblé or et à froid (différente pour chaque plat) sur le dos, branche d'orchidée en mosaïque sur fond criblé or, doublé de moire vieux vert, large dent. mosaïquée de mar. modelé sur fond criblé or, doubles gardes, tr. dor. sur broch., couv. étui (*Raparlier*).

Edition originale, avec la couverture,

L'un des exemplaires tirés sur PAPIER VÉLIN, enrichi de **19** AQUARELLES ORIGINALES INÉDITES DE RÉGIS DE MONTAUDOUIN.

TRÈS BELLE RELIURE.

Planche 14.

47. **HERMANT** (Abel). **Les Confidences d'une Aïeule,** (1788-1863). Illustrations de Louis Morin. *Paris, Société d'éditions littéraires et artistiques.*

Librairie Paul Ollendorff, 1900, in-8, couv. mar. rouge, dos et plats ornés de compositions aux petits fers formant encadrement, doublé de moire verte, large bande de mar. rouge, 6 filets entourant une dentelle avec petits fers, doubles gardes, tr. dor. sur broch. (*Carayon*).

L'un des **50** exemplaires sur PAPIER DE CHINE (n° 52), avec une suite des hors texte coloriés à l'aquarelle et une suite des dessins sur Chine en noir.

48. **HUGO** (Victor). **Notre-Dame de Paris.** Illustrations de Luc-Olivier Merson. *Paris, Testard*, 1889-1890, 2 vol. in-4, mar. vert olive brune, DEUX GRANDES COMPOSITIONS, sur cuir ciselé, modelé et enluminé de RUDAUX, à chaque volume, doublé de soie rouge lie de vin, bande de mar. vert avec ornem. dorés, doubles gardes, tr. dor. sur broch., couv. étui (*Carayon*).

L'un des **200** exemplaires sur PAPIER DU JAPON (n° 195) avec deux états des grandes compositions dont l'avant lettre et deux états des vignettes dont l'eau-forte pure et les planches refusées.

Très belle décoration de RUDAUX inspirée du livre et dont les reproductions ne donnent qu'une faible idée.

Planches 1 et 15.

49. **HUGO** (Victor). **Le Pape.** 21 compositions dessinées et gravées par Jean-Paul Laurens. *Paris, Quantin*, 1885, in-4, mar. grenat à grain long,

dos orné et filets gras et maigres sur les plats, 5 filets à l'int., tr. dor. sur broch., couv. (*Champs*).

L'un des **100** exemplaires tirés sur PAPIER WHATMAN (n° 142), avec les eaux-fortes en deux états dont l'avant lettre.

50. **LAZARILLE DE TORMÈS (Vie de)**. Traduction nouvelle et Préface de A. Morel-Fatio, nombreuses Illustrations et Eaux-fortes de Maurice Leloir. *Paris, H. Launette et Cie*, 1886, gr. in-8, couv. mar. rouge, dos et plats ornés d'une large bande de fers à froid, 5 filets par 2, 2, 1, dent. int., tr. dor. sur broch. (*Chambolle-Duru*).

L'un des **50** exemplaires tirés sur PAPIER DU JAPON (n° 59), avec triple suite des eaux-fortes, et le tirage à part sur Japon de toutes les vignettes intercalées dans le texte.

Charmant DESSIN ORIGINAL au lavis, à deux personnages, par MAURICE LELOIR, l'illustrateur du livre.

51. **LEMAITRE** (Jules). **Contes blancs**. — La Cloche. — La Chapelle blanche. — Mariage blanc. — Illustrations à l'aquarelle, page à page, par Mlle Blanche Odin. 72 Compositions épousant le texte. *Paris, Imprimé pour les Bibliophiles indépendants*, 1900, pet. in-4, couv. mar. bleu, dos et plats ornés de compositions de branches de clochettes en mar. or et couleurs, doublé d'étoffe de soie, large bande de mar. bleu avec clochettes en mosaïque formant encad., tr. dor. sur broch., couv. (*Carayon*).

Cette édition des « Contes Blancs » spécialement publiée par Octave Uzanne pour les Bibliophiles indépendants et qui ne sera jamais réimprimée, a été tirée pour les Souscripteurs à deux cents exemplaires (n° 114), plus dix exemplaires réservés à l'Auteur, à l'Editeur, à l'Illustrateur et aux Collaborateurs.

52. **L'HOPITAL** (Joseph). **Foires et Marchés Normands,** notes et fantaisies. Croquis d'après nature, dessinés et gravés sur cuivre et sur bois, par Auguste Lepère. *Aux dépens de la Société Normande du livre illustré. Paris, imprimerie Chamerot et Renouard,* 1898, gr. in-8, couv. mar. chaudron, 4 nerfs avec mosïque, sur les plats, très jolie composition d'une branche de pommier avec fruits et feuilles en mosaïque sans or, doublé d'étoffe de soie à ramages, large dent. mosaïque et or, tr. dor. sur broch., couv., étui. *(Ch. Meunier, 1900).*

Tirage unique à **140** exemplaires numérotés sur PAPIER VÉLIN à la forme des fabriques d'Arches (n° 104).

Sur le faux titre une BELLE AQUARELLE ORIGINALE de AUGUSTE LEPÈRE, l'illustrateur du livre.

53. **LORRAIN** (Jean). **Ma petite Ville. — Le Miracle de Bretagne. — Un Veuvage d'Amour.** Illustrations à l'aquarelle de Manuel Orazi, gravées à l'eau-forte par Frédéric Massé, et imprimées sur couleurs. Vignettes décoratives de Léon Rudincki. *Paris, L.-Henry May,* 1898, gr. in-4, couv. mar. bleu à long grain, 2 filets en bordure, encadrem. de 3 filets aux angles concaves, branches et fleurs de lys en mosaïque aux

angles et sur le dos, dent. et filets à l'int., tr. dor. sur broch. (*Carayon*).

L'un des **50** exemplaires tirés sur PAPIER DU JAPON (n° 34), avec 2 états des illustrations (dont le tirage à part en noir sur Japon).

54. **LOTI** (Pierre). **Madame Chrysanthème,** dessins et aquarelles de Rossi et Myrbach, gravure de Guillaume frères. *Paris*, *C. Lévy*, 1888, in-8, couv. mar. chaudron, hirondelle en mosaïque sur le dos, sur le plat, branche de Chrysanthème en mosaïque, dent. int., tr. dor. sur brochure, étui. (*Ch. Meunier*).

Edition originale, avec la couverture.
L'un des **100** exemplaires tirés sur PAPIER DU JAPON (n° 19).

55. **LOTI** (Pierre). **Le Mariage de Loti.** Illustrations de l'Auteur et de A. Robaudi. *Paris*, *Calmann Lévy*, 1898, in-4, couv. mar. vert à grain long, dos et plats ornés de feuilles de bambou, encadrés dans des caissons formés de deux filets, style pompeïen, trois filets en bordure, doublé de soie rose, bande de mar. formant encadrement, ornés de 9 filets, doubles gardes, tr. dor. sur broch., étui (*Chambolle-Duru*).

L'un des **25** exemplaires tirés sur PAPIER DE CHINE (n° 16).

56. **MAISTRE** (Xavier de). **Les Prisonniers du Caucase.** Neuf compositions de Julien Le Blant, gravées à l'eau-forte par Louis Muller, préface par Léo Claretie. *Paris, A. Ferroud*, 1897, in-8 raisin, couv. mar. bleu, dos orné, sur les plats, grande composition à la grecque de 33 filets brisés, filets int., tr. dor. sur brochure. (*Carayon*).

Exemplaire sur grand PAPIER DU JAPON (n° 30), avec 3 états des eaux-fortes, dont l'eau-forte pure avec remarques.

57. **Matrone** (la) du Pays de Soung. **Les Deux Jumelles** (contes chinois), avec une préface par E. Legrand. *Paris, A. Lahure*, 1884, in-8. Aquarelles de A. Poirson, mar. vert Metternich, dos orné de fleurs de Chrysanthèmes, sur les plats, composition mosaïque de tiges de bambous, doublé d'étoffe de soie à bouquets de Chrysanthèmes, bande de mar. vert, avec fil. ornés, tr. dor. sur broch., couv., étui. (*Chambolle-Duru*).

L'un des **50** exemplaires numérotés sur PAPIER DU JAPON (n° 50), avec tirage à part du trait et tirage à part des aquarelles avant la lettre, tous deux également sur papier du Japon.

58. **MAUPASSANT** (Guy de). **Boule de Suif.** Compositions de François Thévenot, gravures sur bois de A. Romagnol. *Paris, A. Magnier*, 1897, in-8 raisin, couv. mar. rouge, dos orné de filets en losange et de petits fers, 3 filets formant bordure

sur les plats, dent. int., tr. dor. sur broch., couv. (*Carayon*).

De la Collection des Dix.

L'un des **38** exemplaires sur PAPIER DE CHINE (nº 25), contenant un tirage à part des illustrations du texte, une triple suite des hors texte et l'Affiche de publication.

59. **MAUPASSANT** (Guy de). **Contes choisis.** Illustrations par MM. G. Jeanniot, G. Scott, F. Gueldry, P. Vidal, Evert van Muyden, P. Gervais, P. Avril, A. Gérardin et Ch. Morel. *Paris, Imprimé aux frais et pour les Sociétaires de l'Académie des Beaux Livres*, 1891-1892, gr. in-8, couv. mar. bleu, doublé de mar. mauve, grande branche d'Iris jaunes en mosaïque sans or, guirlande de Marguerites jaunes, formant encadrement d'angle, filets dor., gardes d'étoffe de soie, doubles gardes, tr. dor. sur broch., étui. (*Ch. Meunier, 1898*).

Le Loup. — Hautot père et fils. — Allouma. — Mouche. — La Maison Tellier. — Un Soir. — Le Champ d'Oliviers. — Mademoiselle Fifi. — L'Epave. — Une partie de Campagne.

Edition tirée à très petit nombre, non mise dans le commerce, pour les membres de la Société.

60. **MONTORGUEIL** (Georges). **Paris au hasard.** Illustrations composées et gravées sur bois par Auguste Lepére. *Paris, imprimé pour Henri Beraldi*, 1895, in-8, couv. mar. La Vall., dos et

plats ornés de jeux de filets gras et maigres, 5 filets int., tr. dor. sur broch., couv. (*Chambolle-Duru*).

Tirage unique à **138** exemplaires numérotés à la presse sur PAPIER VÉLIN de cuve du Marais (nº 97).

61. **MONTORGUEIL** (Georges). **Paris Dansant,** illustrations de A. Willette, gravées en taille-douce et en couleurs par Vigna-Vigneron. *Paris, Théophile Belin*, 1898, gr. in-8, mar. bleu gris, dos mosaïque, sur le premier plat très riche décoration mosaïque sans or, inspirée du Livre, masque, éventails, lampions, grelots, croissant ; sur le second plat, guirlandes de grelots mosaïqués et ornem. dorés formant encadrement doublé de soie, grelots dorés formant dentelle avec têtes mosaïquées aux angles, tr. dor. sur broch., couv., étui. (*Ch. Meunier*).

Edition unique à **200** exemplaires (nº 98), avec double épreuve des gravures en noir et en couleurs, et la suite complète des vignettes en tirage à part.

AQUARELLE ORIGINALE de WILLETTE ajoutée.

Planche 17.

62. **MONTORGUEIL** (Georges). **La Parisienne** peinte par elle-même. Vingt et une Pointes sèches tirées hors texte, et quarante et une Compositions par Henry Somm. *Paris, L. Conquet*, 1897, in-8 raisin, couv. mar. chaudron, dos et plats ornés d'une grande composition en mar. modelé avec

tête de femme entourée de guirlandes de chèvre-feuilles, filets à froid, doublé d'étoffe de soie fond rose à fleurs, encad. de mar. chaudron, filets, tr. dor. sur broch., couv. étui. (*Raparlier*).

Tirage unique à **150** exemplaires sur PAPIER DE HOLLANDE à la forme.

L'un des **30** (nº 12) avec double suite de toutes les planches sur Japon et sur Chine.

Très jolie AQUARELLE ORIGINALE inédite d'HENRY SOMM l'illustrateur du livre, sur le faux titre.

Planche 16.

63. **MONTORGUEIL** (Georges). **La Vie à Montmartre.** Illustrations (en noir et en couleurs) de Pierre Vidal. *Paris, G. Boudet, s. d.*, gr. in-8, couv. mar. orange, sur le dos, 5 têtes de Chat noir en mosaïque, sur le plat : Un Chat noir, Lyre, Etoile, Œillets, Moulin de la Galette en haut de la butte, sur le second plat, une Marotte, doublé d'étoffe, large bande de mar. avec Cocottes en papier mosaïquées aux angles, doubles gardes, tr. dor. sur broch. (*Carayon*).

L'un des **25** exemplaires tirés sur PAPIER DE CHINE (nº 35), contenant :

1º Une suite à part en noir des lithographies en couleurs;

2º La couverture en 3 états.

64. **MONTORGUEIL** (Georges). **La Vie des Boulevards-Madeleine-Bastille**, illustré de 200 dessins en couleurs par Pierre Vidal. *Paris, Li-*

brairies-Imprimeries réunies, 1896, gr. in-8, couv. vélin gris, dos orné d'une aquarelle de Pierre Vidal, non rog., étui. (*Carayon*).

L'un des **100** exemplaires imprimé sur PAPIER DU JAPON (nº 67), pour la librairie L. Conquet, avec la couverture en 2 états.

65. **MOREAU** (Emile). **Le Secret de Saint-Louis**. Douze compositions par Adrien Moreau, gravées à l'eau-forte par X. Le Sueur. *Paris, Delagrave, s. d.*, 1 fort vol. in-4, demi-rel. dos et coins de mar. bleu, dos orné, tête dor., non rog., couv. (*Carayon*).

L'un des **50** exemplaires tirés sur PAPIER DU JAPON (nº 12), pour le compte de la librairie Carteret, avec les figures en deux états.

66. **MORIN** (Louis). **Les Cousettes**. Physiologie des Couturières de Paris. Vingt-et-une compositions dessinées et gravées à la pointe sèche par Henry Somm. *Paris, L. Conquet*, 1895, in-8, mar. La Vallière, sur le premier plat, composition mosaïque sans or, où sont représentés tous les outils et attributs de la cousette, au second plat, une violette avec sa feuille, doublé d'étoffe de soie à ramages, 6 filets dont 1 au pointillé sur une bande de mar. La Vall. formant encadrement, tr. dor. sur broch. couv., étui. (*Raparlier*).

Tirage unique à **100** exemplaires numérotés sur PAPIER DU JAPON à la forme.

Envoi de L. Conquet à Louis Morin.

Sur le faux titre GRANDE COMPOSITION ORIGINALE, INÉDITE au crayon bleu, de LOUIS MORIN. (*Très jolie vue de Montmartre, prise du pont Caulaincourt*).

67. **MORIN** (Louis). **Les Dimanches Parisiens,** notes d'un décadent. Quarante-et-une eaux-fortes originales de A. Lepère. *Paris, L. Conquet*, 1898, in-8 raisin, couverture, mar. vert, 4 nerfs et feuille de marronnier mosaïquée à froid sur le dos, doublé de mar. brun, grande composition mosaïque sans or, composée de feuilles de marronnier et de filets et branches dorées formant encad. gardes de soie verte à ramages, tr. dor. sur broch. (*Ch. Meunier 1898*).

Tirage unique à **250** exemplaires sur PAPIER VÉLIN du Marais (n° 27), contenant les eaux-fortes en 2 états (avant toute lettre, avec la lettre).

On a ajouté au présent exemplaire, UNE DOUBLE AQUARELLE ORIGINALE INÉDITE de LOUIS MORIN couvrant le faux titre et un SUPPLÉMENT INÉDIT aux Dimanches Parisiens,composé de 5 chapitres que l'éditeur L. Conquet ne put utiliser; ces chapitres ont aussi leurs figures de Lepère, le texte a été calligraphié d'après le MANUSCRIT confié par LOUIS MORIN qui a AQUARELLÉ UN TITRE SPÉCIAL pour ce supplément unique relié en demi-rel. dos et coins de mar. vert, même ornementation que le volume.

68. **MUSSET** (Alfred de). **La Mouche,** illustrée de trente compositions par Ad. Lalauze, préface par Philippe Gille. *Paris, A. Ferroud*, 1892, in-8 raisin, mar. bleu, dos et plats ornés de jeux de

17 filets droits et courbés formant un très riche encadrement, 6 filets int. avec petits ornem. aux angles, tr. dor. sur broch., couv. (*Champs*).

L'un des **75** exemplaires tirés sur grand PAPIER VÉLIN d'Arches (nº 67), avec deux états des planches, eaux-fortes terminées avant la lettre avec remarques et eaux-fortes avec la lettre.

Planche 19.

69. **MUSSET** (Paul de). **Le Dernier Abbé**, illustré de dix-neuf compositions par Ad. Lalauze, préface par Anatole France. *Paris, A. Ferroud*, 1891, in-8 raisin, mar. bleu de Roi, dos orné à petits fers, grande décoration style Louis XVI, dorée aux petits fers, aux filets et au pointillé, doublé de mar. bleu clair, dent. et encad. de filets avec ornem. aux angles, gardes d'étoffe de soie bleue, doubles gardes, tr. dor. sur broch., couv., étui. (*Mercier*).

L'un des **105** exemplaires tirés sur grand PAPIER VÉLIN d'Arches (nº 112) contenant :

1º 2 états des planches : état avec remarques et suite dans le texte.

2º Une AQUARELLE ORIGINALE de Ad. LALAUZE, ayant servi à l'illustration du livre.

Planche 18.

70. **NADAUD** (Gustave). **Chansons populaires**, de Salon et Légères, avec Eaux-fortes par Edm. Morin. *Paris, Librairie des bibliophiles*, 1879, 3

vol. in-8, couv., mar. rouge, dos orné, fil., dent. int., tr. dor. sur broch., couv. (*Champs*).

L'un des **20** exemplaires sur PAPIER DE CHINE (n° 1) avec les eaux-fortes d'Edmond Morin en 2 états dont l'avant lettre.

71. **NÉEL. Voyage de Paris à Saint-Cloud par mer**, et retour de Saint-Cloud à Paris par terre, avec une préface et des notes par E. Legrand. Aquarelles de Jeanniot gravées par A. Gillot. *Paris, A. Lahure*, 1884, in-8, mar. bleu, dos orné, ornem. dorés aux petits fers, formant encad. 3 filets en bordure dont 1 au pointillé, doublé d'étoffe de soie à fleurs, large dent. int., formant encad., tr. dor. sur broch., couv., étui. (*Chambolle-Duru*).

L'un des **50** exemplaires numérotés sur PAPIER DU JAPON (n° 31) avec tirage à part du trait et tirage à part des aquarelles avant la lettre, tous deux également sur papier du Japon.

72. **NODIER** (Charles). **Le Dernier Chapitre de mon Roman**, préface de Maurice Tourneux. Nouvelle édition illustrée de Trente-trois compositions de Louis Morin. *Paris, L. Conquet*, 1895, in-8. Illustrations tirées en deux teintes superposées et rehaussées à l'aquarelle par l'artiste, mar. rouge, dos orné d'une très jolie composition romantique poussée à froid, filets dorés et à froid sur les plats, filets à l'intérieur, non rog., couv. conserv. (*Carayon*).

Edition tirée à **200** exemplaires (n° 97).

73. **NODIER** (Charles). **Inès de Las Sierras.** Compositions dessinées et gravées à l'eau-forte, en couleurs, par Paul Avril, préface de A. de Claye. *Paris, A. Ferroud*, 1897, gr. in-8, mar. vert Metternich, dos orné à petits fers, grande décoration style hispano-arabe, avec ornements dorés aux petits fers, avec branches de feuillages, et aux filets courbés, doublé de mar. grenat, large dent. aux petits fers, formant encad., 6 filets dorés, gardes de soie grenat, tr. dor. sur broch., couv. *(Lortic fils)*.

Tirage limité à **200** exemplaires (n° 31). Tirage successif des planches à la fin du volume.

Planche 20.

74. **Péchés Capitaux** (Les). Compositions originales dessinées et gravées par Henry Detouche. Poésies inédites par Edm. Haraucourt, J. de Marthold, F. de Croisset, Marc Legrand, Em. Verhaeren, H. de Regnier, A. Fontainas. *Paris, Boudet*, 1900, gr. in-4, texte avec ornem. et planches hors texte en couleurs, demi-rel dos et coins de mar. citron, dos orné mosaïque, tête dor., non rog. (*Ch. Meunier*).

L'un des **25** exemplaires tirés sur PAPIER DU JAPON (n° 7), avec double épreuve des planches hors texte.

75. **PERRAULT. Les Contes des Fées** en prose et en vers. Deuxième édition, revue et corrigée

sur les Editions originales, et précédée d'une lettre critique, par Ch. Giraud. *Lyon, impr. L. Perrin* (*Paris, libr. Leclère*), 1865, in-8, portr., vign. et fig., mar. vert olive, dos orné, filets, dent. int., tr. dor. couv. (*Champs*).

L'un des **30** exemplaires tirés sur PAPIER DE CHINE (nº 17) contenant toutes les figures en deux états et auquel on a ajouté l'eau-forte pure pour *Peau d'Ane* et une eau-forte refusée pour *le Petit Poucet*.

76. **PERRAULT. Les Contes de Perrault,** illustrés par E. Courboin, Fraipont, Geoffroy, Gerbault, Job, L. Morin, Robida, Vimar, Vogel, Zier. Introduction par M. Gustave Larroumet, de l'Institut. *Paris, Librairie Renouard, Henri Laurens, éditeur, s. d.*, in-4, mar. vert à long grain, dos orné, filets sur les plats et à l'int., tr. dor. sur broch., couv. (*Champs*).

Exemplaire du premier tirage avec la couverture illustrée en couleurs.

L'un des **55** exemplaires tirés sur PAPIER DU JAPON (nº 8) avec les figures en tirage à part sur Chine.

DOUBLE AQUARELLE ORIGINALE INÉDITE de LOUIS MORIN sur le faux titre.

77. **PREVOST** (l'Abbé). **Histoire de Manon Lescaut** et du Chevalier des Grieux, préface de Guy de Maupassant, illustrations de Maurice Leloir. *Paris, H. Launette*, 1885, in-4, mar. bleu, dos et

plats, ornés de 7 filets dont un gras au milieu, 7 fil. int., tr. dor. sur broch., couv. (*Chambolle-Duru*).

L'un des **50** exemplaires tirés sur PAPIER DE CHINE (n° 75) contenant :

1° Une double suite des eaux-fortes sur Japon, et l'eau-forte pure de la plupart des grandes planches.

2° Le tirage à part de tous les bois sur papier de Chine.

3° Les eaux-fortes supplémentaires en 3 états sur Japon.

4° Le portrait de G. de Maupassant avant la lettre.

78. **PROUST** (Marcel). **Les Plaisirs et les Jours.** Illustrations de Madeleine Lemaire, préface d'Anatole France, et quatre pièces pour piano de Reynaldo Hahn. *Paris, Calmann Lévy*, 1896, in-4, couv. illust. mar. bleu, tête dor., non rog. (*Carayon.*)

L'un des **20** exemplaires tirés sur PAPIER DU JAPON (n° 70). AQUARELLE ORIGINALE de MADELEINE LEMAIRE, (Iris bleu et son bouton).

79. **Quinze Joyes de mariage** (les), avec des Notes et un Glossaire par D. Jouaust, et une Préface de L. Ulbach, eaux-fortes de Ad. Lalauze. *Paris, Librairie des bibliophiles*, 1887, in-8, couv. mar. rouge, dos orné, 3 fil., dent. int., tr. dor. sur broch., couv. (*Champs*).

L'un des **170** exemplaires tirés sur PAPIER DE HOLLANDE (n° 109) auquel on a ajouté une suite sur Chine avant la lettre des jolies figures de Lalauze.

80. **Rassemblements** (Les). Badauderies parisiennes. Physiologies de la rue, observées et notées par P. Adam, A. Athys, V. Barrucand, Tristan Bernard, L. Blum, etc., etc. Prologue par Octave Uzanne, gravures hors texte de F. Vallotton, vignettes dans le texte par F. Courboin. *Paris, imprimé pour les Bibliophiles indépendants, chez H. Floury*, 1896, in-8 carré, mar. lie de vin, dos orné, compart. de filets dorés et au pointillé, formant encadrement, dent. int., tr. dor. sur broch., couv. (*Carayon*).

Edition tirée à **200** exemplaires pour les Bibliophiles indépendants (nº 114).

81. **[RÉMUSAT** (de)]. **Un Cas de Jalousie.** Edition originale, illustrée de dix-neuf lithographies par A. Lunois. *Paris, L. Conquet*, 1896, in-8, couv. mar. La Vall., dos et plats, ornés d'une décoration de 7 filets droits et brisés, formant encadrement, même décoration int., tr. dor. sur broch. (*Chambolle-Duru*).

L'un des **60** exemplaires sur PAPIER DU JAPON (nº 35), avec le tirage à part des lithographies sur Japon teinté à la forme, plus 4 planches refusées.

82. **RENARD** (Jules). **Histoires Naturelles.** Edition ornée de vingt-deux lithographies originales de H. de Toulouse-Lautrec. *Paris, H. Floury*, 1899, in-4, demi-rel. dos et coins de mar. lie de

vin, dos plat avec attributs dorés, tête dor., non rog., couv. (*Champs*).

Edition tirée à **100** exemplaires (n° 43).

83. **RICHEPIN** (Jean). **Les Débuts de César Borgia.** Compositions de Georges Rochegrosse, gravées à l'eau-forte par MM. Paul Avril, F. Courboin, Fornet et Manesse. *Paris, Publié pour la Société des Bibliophiles Contemporains*, 1890, gr. in-8, mar. rouge, dos orné, filet sur les plats, non rog., couv. (*Carayon*).

Edition non mise dans le Commerce, tirée à **186** exemplaires (n° 57) pour les membres de la Société.

84. **RICTUS** (Jehan). **Les Soliloques du Pauvre,** poésies. *Paris*, 1897, in-8, couv. impr., illust., port. par Steinlen, mar. noir à long grain, dos et plats ornés de jeux de filets, doublé d'étoffe feuille morte, dent. int. formant encadrem., tr. dor. sur broch. (*Carayon*).

Edition originale, avec la couverture.
Exemplaire sur PAPIER DU JAPON (n° 53), avec la suite des 8 lithographies en couleur de Sunyer, composées pour les Soliloques, épreuves sur Chine, avec remarques et signature de l'artiste.

85. **ROCHEFORT** (Henri). (Grimsel). **Fantasia,** dessins de Caran d'Ache. *Paris, Librairie moderne*, 1888, gr. in-8, mar. vert à grain long, dos orné, mosaïque, double composition de 5 filets sur

les plats, dent. int., tête dor., non rog., couv. (*Champs*).

L'un des 20 exemplaires tirés sur PAPIER DU JAPON (n° 3). numérotés à la presse et signés par les deux auteurs, avec :

1° DEUX CROQUIS ORIGINAUX à la plume de CARAN d'ACHE ;

2° DEUX AQUARELLES ORIGINALES inédites de BIANCO dont un très joli portrait-charge d'Henri Rochefort.

86. **ROSTAND** (Edmond). **Cyrano de Bergerac**, drame en cinq actes. Illustré par MM. Besnard, Flameng, Albert Laurens, Léandre, Adrien Moreau, Thévenot, gravé par Romagnol. *Paris, A. Magnier*, 1899, in-4, couv. mar. rouge, doublé de velours de Gênes, bande de mar. rouge formant encadrement, 6 filets dorés, tr. dor. sur brochure. (*Marius-Michel*).

L'un des 20 exemplaires sur Japon vieux (n° 43), avec trois états des bois.

87. **SAINT-PIERRE** (B. de). **Paul et Virginie**, illustrations de Maurice Leloir. *Paris, H. Launette et Cie*, 1887, gr. in-8, mar. bleu, dos et plats ornés de composition de filets croisés, doublé de mar. bleu clair à compart. de filets croisés, petite dent., gardes de soie à fleurs, doubles gardes, tr. dor. sur broch., étui. (*Bretault*).

L'un des 50 exemplaires tirés sur PAPIER DU JAPON (n° 75), contenant : 1° Les eaux-fortes en 2 états, *avant et avec la lettre* ; 2° Le tirage à part de toutes vignettes sur bois.

88. **SAND** (George). **Les Beaux Messieurs de Bois-Doré.** Illustrations d'Adrien Moreau gravées sur bois par Brauer, Froment, Hamel, Méaulle, Rousseau et Thomas. — Album d'eaux-fortes par Boulard, Géry-Bichard et Vion, préface par F. Sarcey. *Paris, E. Testard*, 1892, 2 vol. gr. in-8, couv. mar. vert foncé, dos ornés, grande composition style Louis XIV sur les plats, dorée aux petits fers, doublé de soie lie de vin, bandes de mar. vert, formant encadrement avec dorures aux petits fers, doubles gardes, tr. dor. sur brochure, étui. (*Chambolle-Duru*).

L'un des **75** exemplaires tirés sur PAPIER DU JAPON (n° 55), contenant : 1° la suite des 10 grandes compositions gravées à l'eau-forte en 4 états dont l'eau-forte pure avec remarques sur Japon. — 2° le tirage à part de tous les bois tirés sur Chine.

89. **SCHWOB** (Marcel). **La Porte des Rêves.** Illustrations de Georges de Feure. *Paris, pour les Bibliophiles indépendants, chez H. Floury*, 1899, in-4 couronne, tiré sur Japon, illustré de 16 planches hors texte gravées sur bois, de 32 encadrements variés, de 15 culs-de-lampe et d'un tripti-frontispice gravé en taille-douce en 2 tons repérés et coloriés à l'aquarelle à la main, couv. mar. La Vall. clair, sur le plat grande composition en mosaïque sans or, branche d'orchidée, doublé de moire mauve, bande de mar. avec ornements mo-

saïqués, doubles gardes, tr. dor. sur broch., étui. (*Ch. Meunier, 1898*).

TRÈS BELLE AQUARELLE ORIGINALE de G. de FEURE sur le titre.

Le tirage de ce livre pour les Bibliophiles indépendants a été fait au nombre de **220** exemplaires numérotés (n° 117) dont 20 exemplaires pour l'auteur et les collaborateurs.

90. **SCIAMA** (André) (**A. SEMIANE**). **Paris en Sonnets**, illustré de Vingt-neuf compositions en couleurs, par Henri Henriot. *Paris, L. Conquet*, 1897, in-8, couv. illust., mar. rouge, dos orné de fers spéciaux représentant des personnages de l'ouvrage, œufs de Paques dorés aux angles, filets int., non rog. (*Carayon*).

Edition tirée à **300** exemplaires, sur PAPIER VÉLIN, non mis dans le commerce.

Sur le faux-titre AQUARELLE ORIGINALE INÉDITE D'HENRIOT.

Toutes les figures ont été aquarellées par l'artiste.

91. **STAAL-DELAUNAY** (Mme de). **Mémoires**, avec une préface par Mme la Baronne Double, et quarante-et-une eaux-fortes par Ad. Lalauze. *Paris, Librairie des bibliophiles*, 1890, in-8, 2 tomes en 1 vol. in-8, mar. bleu, composition florale mosaïquée et dorée sur le premier plat, 4 nerfs au dos avec cette inscription dorée : *Que reste-t-il de la Vie, excepté d'avoir aimé*, doublé d'étoffe de

soie Louis XV, tr. dor. sur broch., couv., étui. (*Ch. Meunier*).

Tiré à **185** exemplaires numérotés.
L'un des **20** sur PAPIER DE CHINE (n° **32**), avec deux suites des gravures, *avec* et *avant* la lettre.

92. **SILVESTRE** (Armand). **Le Conte de l'Archer.** Aquarelles de A. Poirson gravées par Gillot. Impression chromo-typographique, par A. Lahure. *Paris, A. Lahure, Rouveyre et Blond.* 1883, in-8 raisin, mar. rouge, dos et plats ornés d'ornements arabes et de branches de chardons, dor. aux petits fers et aux jeux de filets, doublé d'étoffe à reflets, bande de mar. rouge, recouv. d'une dentelle aux petits fers, tr. dor. sur broch., couv., étui. *(Chambolle-Duru).*

L'un des **50** exemplaires tirés sur PAPIER DU JAPON (n° 23), avec tirage à part du trait et tirage à part des aquarelles, tous deux également sur papier du Japon et en justification.
Planche 21.

93. **STENDHAL** (de) [Henri Beyle]. **L'Abbesse de Castro,** avec les illustrations de Eugène Courboin. *Paris, Publié pour les Sociétaires de l'Académie des Beaux Livres,* 1890, gr. in-8, couv. mar. vert, dos orné, 5 filets, avec ornem. dorés aux angles, doublé de mar. rouge, composition aux filets et aux petits fers avec ornements et attributs

dorés, garde de soie verte à ramages, doubles gardes, tr. dor. sur broch., étui. (*Chambolle-Duru*).

Edition non mise dans le commerce et tirée à **190** exemplaires (nº 171) ; elle est ornée de 12 en-têtes et culs-de-lampe de Courboin, texte entouré de 3 encadrements différents à chacun des sept chapitres.

94. **TACONET** (Maurice). **Par les Sentiers**, contes et souvenirs, 52 compositions par Ed. Rudaux et Ch. Léandre, gravées à l'eau-forte par A. Lamotte et Ed. Rudaux. *Paris*, *Rouquette*, 1894, pet. in-8, mar. vert à long grain, dos orné, fil. sur les plats, fil. à l'int., tr. dor. sur broch., couv. (*Champs*).

L'un des **40** exemplaires tirés sur PAPIER DU JAPON, (nº 33) avec deux états des planches dont l'avant lettre.

95. **TOUDOUZE** (Gustave). **La Vengeance des Peaux-de-Bique.** Illustrations de J. Le Blant. *Paris*, *Hachette et Cie*, 1896, gr. in-8, couv. mar. grenat, encadrements de triples filets sur le dos et sur les plats, avec fleurs de lys en mosaïque au milieu des nervures et aux angles, dent. int., tr. dor. sur brochure. (*Carayon*).

L'un des **50** exemplaires tirés sur PAPIER DE CHINE (nº 22) pour la librairie L. Conquet, avec le tirage à part de toutes les gravures également sur papier de Chine.

96. **UCHARD** (Mario). **Mon Oncle Barbassou**, orné de 10 compositions gravées à l'eau-forte par

Paul Avril. *Paris, J. Lemonnyer*, 1884, in-8, couv. mar. chaudron, grande décoration à froid et en dorure de style oriental couvrant une partie des plats, avec filet doré et filets à froid formant encadrement, doublé d'étoffe de soie, large bordure de mar. formant encadrement, 2 filets dorés espacés, doubles gardes, tr. dor. sur broch., couv., étui (*Marius-Michel*).

L'un des **125** exemplaires tirés sur PAPIER DU JAPON (n° 141), avec une suite des eaux-fortes terminées, tirées à part, avec le nom de l'artiste à la pointe sèche.

On a ajouté :

1° Une suite des figures avant toute lettre en camaïeu.

2° La suite des 6 figures refusées.

3° 1 portrait de Mario Uchard, en 4 états (*tiré à 25 exemplaires*).

4° Une grande AQUARELLE ORIGINALE inédite de HENRY SOMM.

Planche 22.

97. **UZANNE** (Octave). **Son Altesse la Femme.** Illustrations de H. Gervex, J.-A. Gonzalès, L. Kratké, A. Lynch, Ad. Moreau et F. Rops. *Paris, Quantin*, 1885, gr. in-8, couv. mar. bleu, dos plat, avec branche de feuilles et fleurs en mosaïque, même décoration sur le premier plat, avec médaillon en mosaïque de mar. vieux rouge, dent. int., tr. dor. sur brochure, étui (*Bretault*).

L'un des **100** exemplaires sur PAPIER DU JAPON grand format (n° 76).

Planche 23.

98. **UZANNE** (Octave). **L'Art dans la Décoration extérieure des Livres, en France et à l'Etranger**, les Couvertures illustrées, les Cartonnages d'Editeurs, la Reliure d'Art. *Paris, Société Française d'Editions d'Art, L.-Henry May*, 1898, gr. in-8, nomb. fig. dans le texte et planches hors texte en noir et en couleurs, mar. La Vall. clair, dos à nerfs, composition mosaïque sertie or et à froid, porte-crayon, plume, livres ouverts, fleurs de passiflore, doublé d'étoffe de soie à ramages, bande de mar. La Vall. formant encadrement avec sujets variés, doubles gardes, tr. dor. sur brochure, étui. (*Ch. Meunier, 1898*).

L'un des **60** exemplaires sur PAPIER DU JAPON (nº 51).

99. **UZANNE** (Octave). **Dictionnaire** Bibliophilosophique, typologique, iconophilesque, bibliopégique, et Bibliotechnique à l'usage des Bibliognostes, des Bibliomanes et des Bibliophilistins, par Octave Uzanne, polybibliographe et philologue. *Paris, imprimé pour les Sociétaires de l'Académie des Beaux Livres, Bibliophiles Contemporains. En l'An de Grâce Bibliomaniaque*, 1896 (Janvier 1898) in-8, titre r. et n., texte avec ornements, lettres ornées, et 31 planches hors texte, en héliogravure, tirées sur Japon en noir et en couleurs, mar. vert Metternich, composition mosaïque sur le premier plat, avec titre doré, doublé de soie à ramages, bande de mar. vert,

avec ornem. dorés aux petits fers, tr. dor. sur broch., étui. (*Ch. Meunier*).

Tirage à **176** exemplaires (nº 175).

Dernier volume publié par la Société des Bibliophiles Contemporains.

100. **UZANNE** (Octave). **La Femme à Paris.** Nos Contemporaines, notes successives sur les Parisiennes de ce temps, dans leurs divers milieux, états et conditions. Illustrations de Pierre Vidal. *Paris, Librairies-Imprimeries réunies, May et Motteroz*, 1894, gr. in-8, mar. La Vallière, dos à nerfs, petite mosaïque sans or entre les nervures, sur le plat, grande composition mosaïque sans or, éventail, serpent, orchidées, doublé de soie à ramages, bande de mar. La Vall. avec ornem. dorés, doubles gardes, tr. dor. sur broch., étui (*Ch. Meunier, 1898*).

L'un des **110** exemplaires sur PAPIER DU JAPON (nº 86), avec les figures hors texte en deux états.

101. **UZANNE** (Octave). **La Française du siècle.** Modes — Mœurs — Usages. Illustrations à l'aquarelle de Albert Lynch, gravées à l'eau-forte en couleurs par Eugène Gaujean. *Paris, Quantin*, 1886, gr. in-8, couv. mar. bleu, dos plat, bouquet de fleurs des champs en mosaïque sur le plat, sur le dos grande composition, feuilles et fleurs mosaïquées, dent. int., tr. dor. sur broch., étui. (*Bretault*).

L'un des **100** exemplaires sur PAPIER DU JAPON grand format (nº 17).

102. **UZANNE** (Octave). **La Locomotion à travers l'Histoire et les Mœurs.** Illustrations dans le texte et hors texte de Eugène Courboin. Nombreuses reproductions d'Estampes anciennes. *Paris, Société d'Editions Littéraires et Artistiques — Librairie P. Ollendorff,* 1900, in-4, couv. mar. rouge, composition mosaïquée et dorée représentant des ballons dirigeables dans les nuages, dent. int., tr. dor. sur broch., étui. (*Ch. Meunier*).

L'un des **60** exemplaires tirés sur PAPIER DU JAPON (nº 41), avec les 20 triptyques en double état, en *noir* sur Chine et *aquarellés* sur Japon.

103. **UZANNE** (Octave). **Les Modes de Paris,** variations du goût et de l'esthétique de la femme (1797-1897). Illustrations originales de François Courboin dans le texte et hors texte, d'après des documents inédits. *Paris, Société française d'Editions d'Art, L.-H. May,* 1898, gr. in-8, couv. mar. vert, dos orné de compartiments de filets avec fleurs en mosaïque, double compart. de filets sur les plats, avec bouquets de fleurs, mosaïqués aux angles, doublé de soie, bande de mar. vert avec doubles filets et fleurs aux angles, formant encadrement, doubles gardes, tr. dor. sur broch. (*Marius-Michel*).

L'un des **90** exemplaires tirés sur PAPIER DU JAPON (nº 64), avec double suite des cent planches hors texte avant le coloris.

104. **UZANNE** (Octave). **Voyage autour de sa Chambre.** Illustrations de Henri Caruchet, gravées à l'eau-forte par Frédéric Masse, relevées d'aquarelles à la main. *Imprimé à Paris. Pour les Bibliophiles indépendants, H. Floury*, 1896, in-4, couv. mar. vert Metternich, grande décoration mosaïque, or, platine et couleurs, chèvres-feuilles, coquelicots, tête de satyre, serpent, tourterelles, doublé de soie à ramages La Vall. claire, bordure de mar. vert, avec ornem. dorés et mosaïqués, tr. dor. sur broch., étui. (*Ch. Meunier 1897*).

Cette publication a été tirée en taille-douce, pour les Bibliophiles indépendants, au nombre exact de **210** exemplaires (nº 110) dont 200 pour les souscripteurs, 10 pour les collaborateurs.

Exemplaire, contenant le tirage à part, en noir avec remarques des encadrements du texte et la couverture en 2 états.

105. **VILLIERS DE L'ISLE-ADAM.** (Comte de). **Histoires souveraines.** *Bruxelles, Edm. Deman*, 1899, gr. in-8, mar. bleu, dos orné sur les plats, grande composition style moderne, dorée aux petits fers, formant encadrement, doublé d'étoffe de soie bleue à ramages, large bande de mar. bleu formant encadr., filets, ornem. aux angles, tr. dor. sur broch., couv., étui. (*Noulhac*).

Edition originale, avec la couverture.

L'un des **50** exemplaires tirés sur PAPIER DU JAPON (nº 23).

Planche 24.

106. **VILLON** (François). **Œuvres.** Texte revisé et préface par Jules de Marthold. Quatre-vingt-dix illustrations en deux teintes de A. Robida. *Paris, L. Conquet*, 1897, in-8, couv. mar. rouge, dos et plats ornés de filets et de fleurs d'acanthe sur fond pointillé à froid, dent. int., tr. dor. sur broch. (*Chambolle-Duru*).

L'un des **30** exemplaires tirés sur PAPIER DE CHINE (n° 22) avec une suite des tirages à part du trait et une suite coloriée sur Japon.

DESSIN ORIGINAL INÉDIT au CRAYON et à L'AQUARELLE de A. ROBIDA (sur le faux titre).

107. **VOLTAIRE. Candide,** ou l'Optimisme. Préface de F. Sarcey, illustrations de Adrien Moreau. *Paris, G. Boudet*, 1893, gr. in-8, couv. mar. bleu clair, dos orné, avec fleurettes d'églantier, mosaïquée, triples filets et fleurs d'églantier aux angles, dent. int., tr. dor. sur broch. (*Champs*).

L'un des **50** exemplaires tirés sur PAPIER DE CHINE (n° 45), contenant une suite de tous les bois tirés à part, et un triple état des eaux-fortes, dont l'eau-forte pure, tirée sur Chine.

108. **VORAGINE** (J. de). **La Légende dorée.** Traduction française de H. Piazza. Dessins et Lithographies de A. Lunois. *Paris, G. Boudet*, 1896, in-4, mar. vert, dos orné de fleurs de marguerites en mosaïque, 3 fil. en bordure, très jolie composition de branches et de fleurs hiératiques

serties à froid, encad. dans des filets dorés et à froid, doublé d'étoffe de soie, bordure de mar. avec mosaïque formant encadrement, tr. dor. sur broch., couv., étui. (*A. Cuzin*).

L'un des exemplaires tirés sur PAPIER DU JAPON, contenant un double état en noir de chaque planche sur papier de Chine.

Envoi de l'éditeur.

109. **ZOLA** (Emile). **Nouveaux Contes à Ninon.** 1 frontispice et 30 compositions dessinés et gravés à l'eau-forte par Ed. Rudaux. *Paris, L. Conquet*, 1886, 2 tomes en 1 vol. in-8, mar. rouge, dos orné, ornementation dorée aux petits fers et aux jeux de filets sur les plats formant encadrement, doublé d'étoffe de soie verte à petits carreaux, large bande de mar. rouge, ornée d'une riche dentelle formant encadrement, tr. dor. sur broch., couv. (*Carayon*).

L'un des **75** exemplaires tirés sur PAPIER DU JAPON (nº **48**) avec les figures en 2 états.

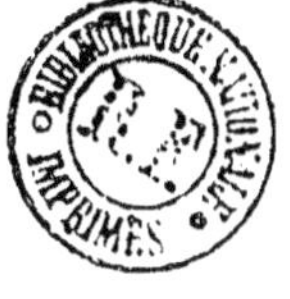

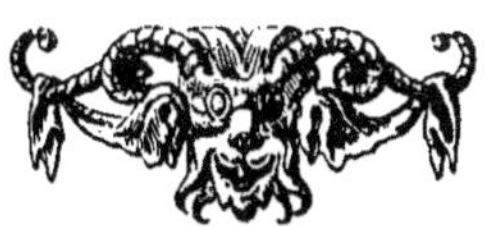

Arras. -- Imp. Schoutheer Frères, rue des Trois-Visages, 53.

CATALOGUE

D'UN CHOIX DE TRÈS BEAUX

LIVRES MODERNES

PROVENANT DE LA

BIBLIOTHÈQUE DE Mr M. MÉRIC

de la Société des Cent Bibliophiles.

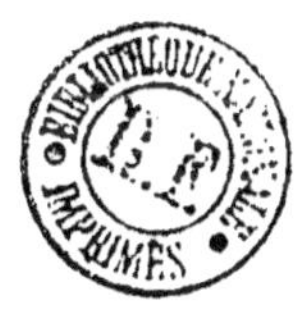

CATALOGUE

D'UN CHOIX DE TRÈS BEAUX

LIVRES MODERNES

RECOUVERTS DE

RICHES RELIURES

PAR LES PRINCIPAUX

Maîtres Ès-Reliures d'Art Contemporains

PROVENANT DE LA

BIBLIOTHÈQUE DE Mr M. MÉRIC

de la Société des Cent Bibliophiles.

ALBUM

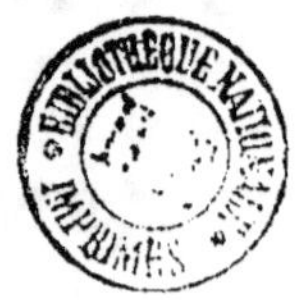

PARIS
A. DUREL, LIBRAIRE
21, RUE DE L'ANCIENNE-COMÉDIE, 21
9 ET 11, PASSAGE DU COMMERCE, (VIe ARR.)

1903.

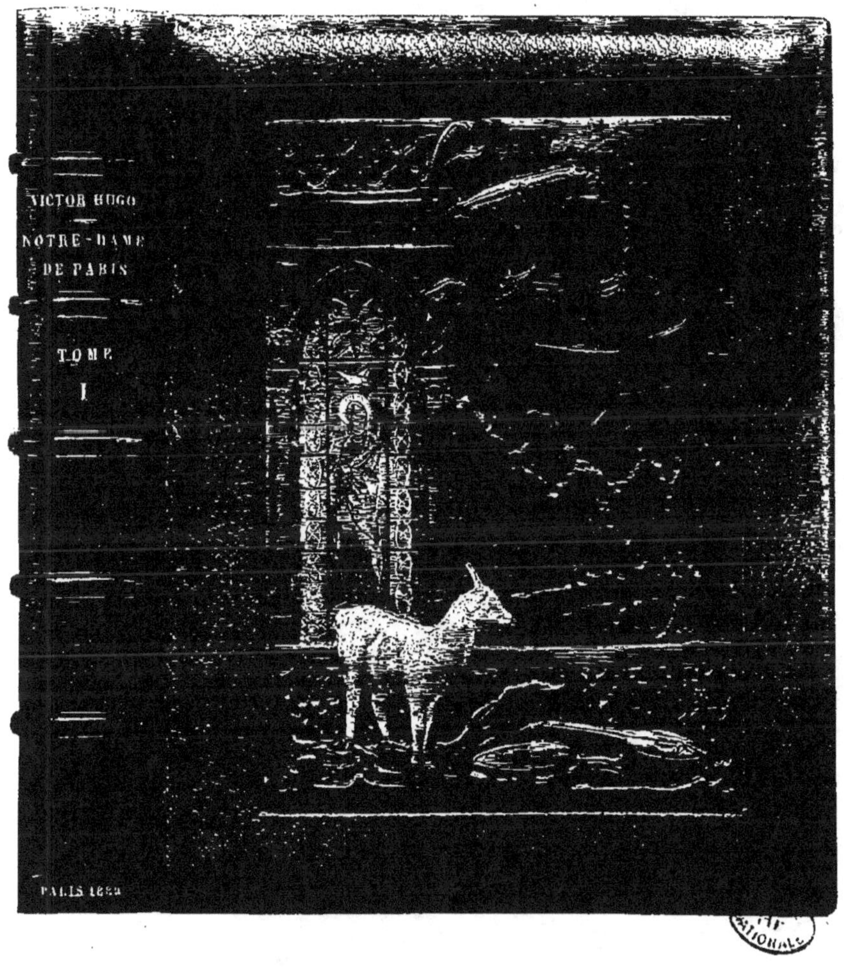

CARAYON

48. V. HUGO. - NOTRE-DAME DE PARIS. TOME 1

284 x 270

HÉLIO. FORTIER & MAROTTE. PARIS

MARIUS MICHEL

12. P. BOURGET. - PASTELS

247×190

HÉLIO. FORTIER & MAROTTE. PARIS

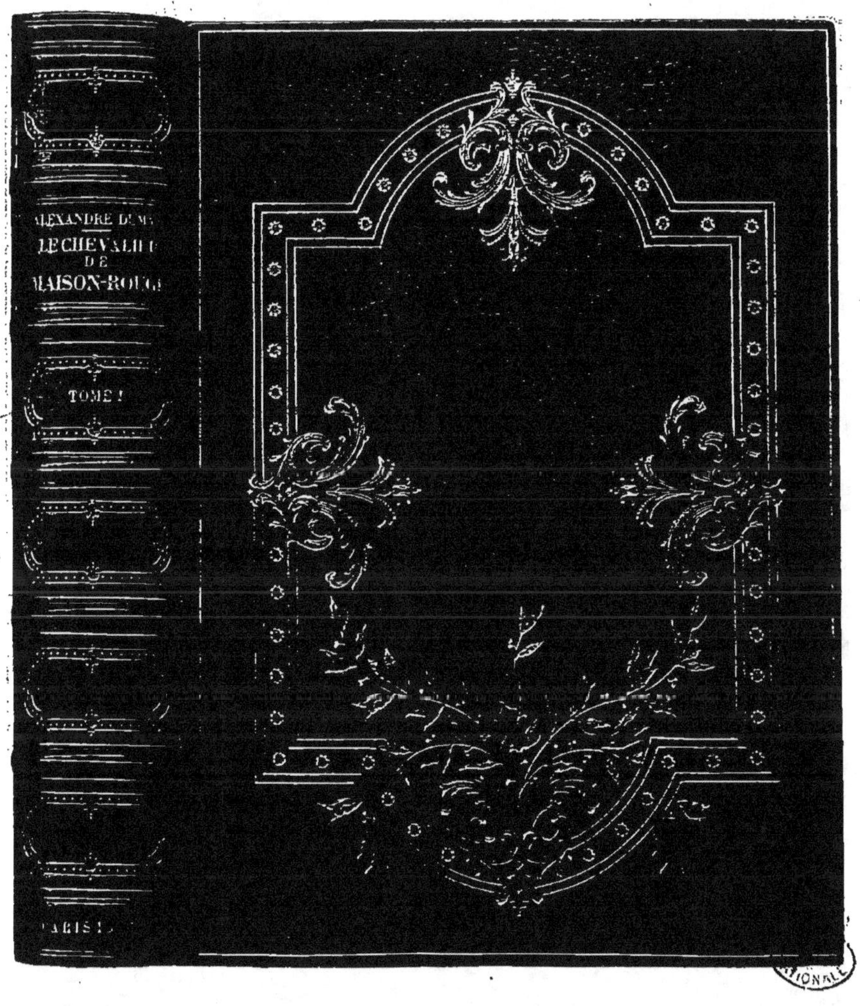

CHAMBOLLE-DURU

20. A. DUMAS. - LE CHEVALIER DE MAISON-ROUGE

292×262

HÉLIO. FORTIER & MAROTTE. PARIS

CH. MEUNIER

26. G. FLAUBERT. - UN CŒUR SIMPLE

253×184

HÉLIO. FORTIER & MAROTTE PARIS

LORTIC

27. G. FLAUBERT. - HÉRODIAS

253×182

HÉLIO. FORTIER & MAROTTE. PARIS

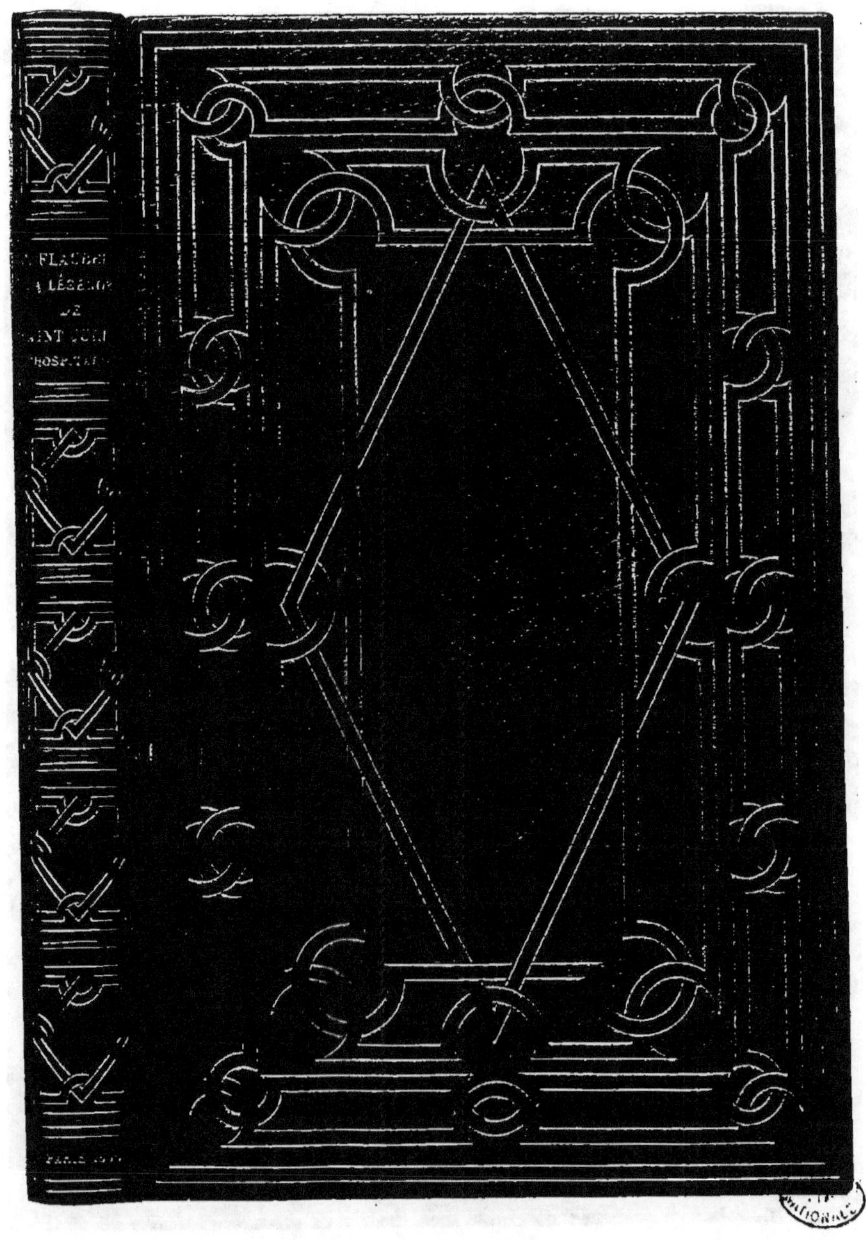

MERCIER

28. G. FLAUBERT. - LA LÉGENDE DE S^T JULIEN

253×180

HÉLIO. FORTIER & MAROTTE. PARIS

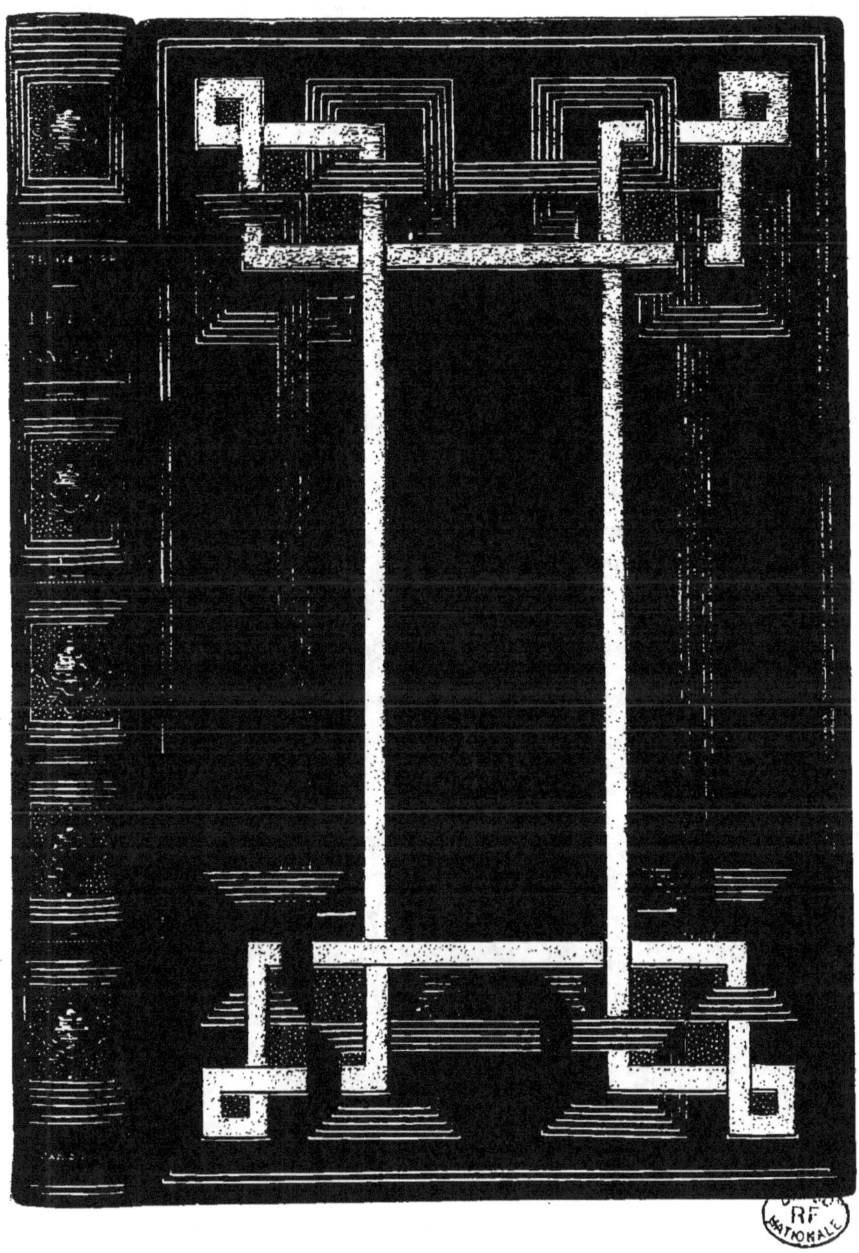

RAPARLIER

36. TH. GAUTIER. - LE ROI CANDAULE

253×185

Hélio. FORTIER & MAROTTE. Paris

MERCIER

32. TH. GAUTIER. - LA CHAINE D'OR

284 x 210

HÉLIO. FORTIER & MAROTTE, PARIS

CARAYON

33. TH. GAUTIER. - FORTUNIO

270×224

HÉLIO. FORTIER & MAROTTE. PARIS

MARIUS MICHEL

34. TH. GAUTIER. - JEAN ET JEANNETTE

255×195

HÉLIO. FORTIER & MAROTTE. PARIS

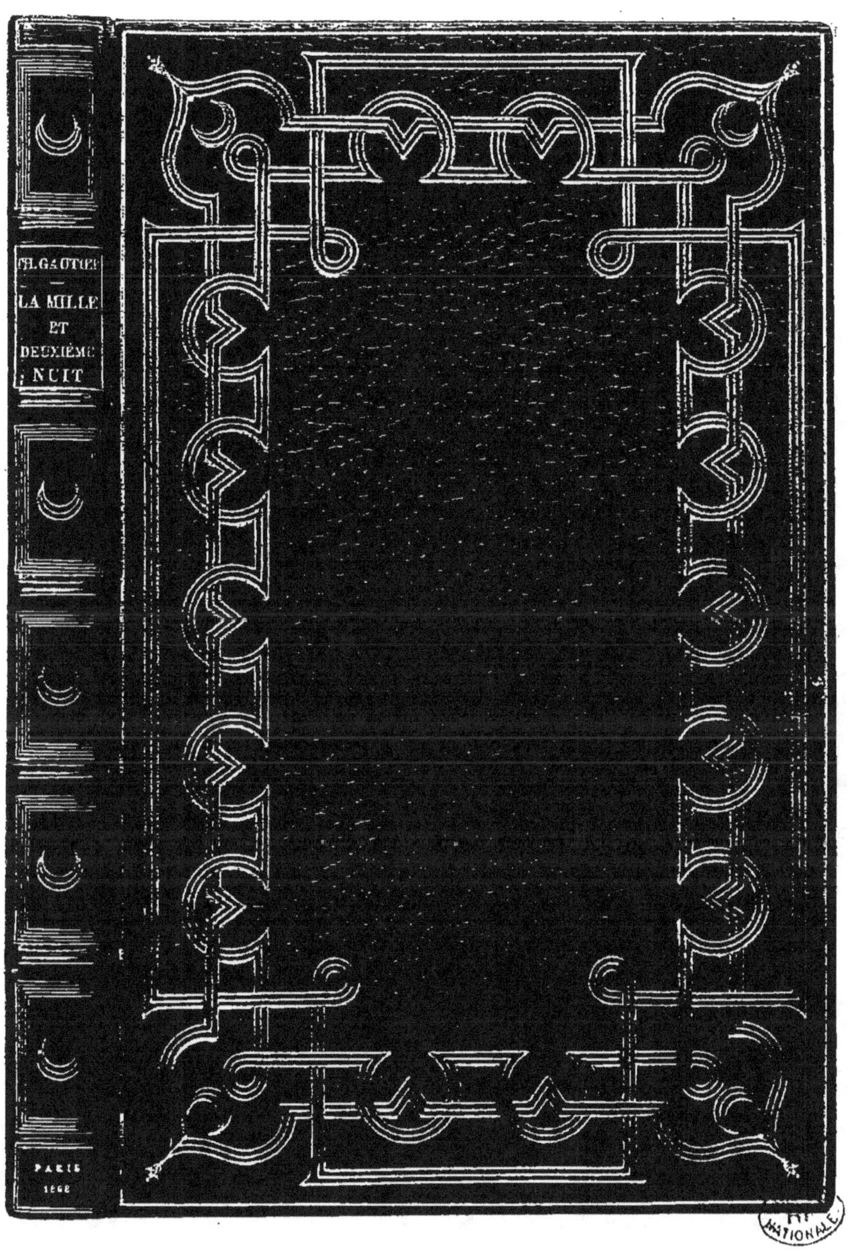

DAVID

35. TH. GAUTIER. - LA MILLE ET DEUXIÈME NUIT

253×180

HÉLIO. FORTIER & MAROTTE. PARIS

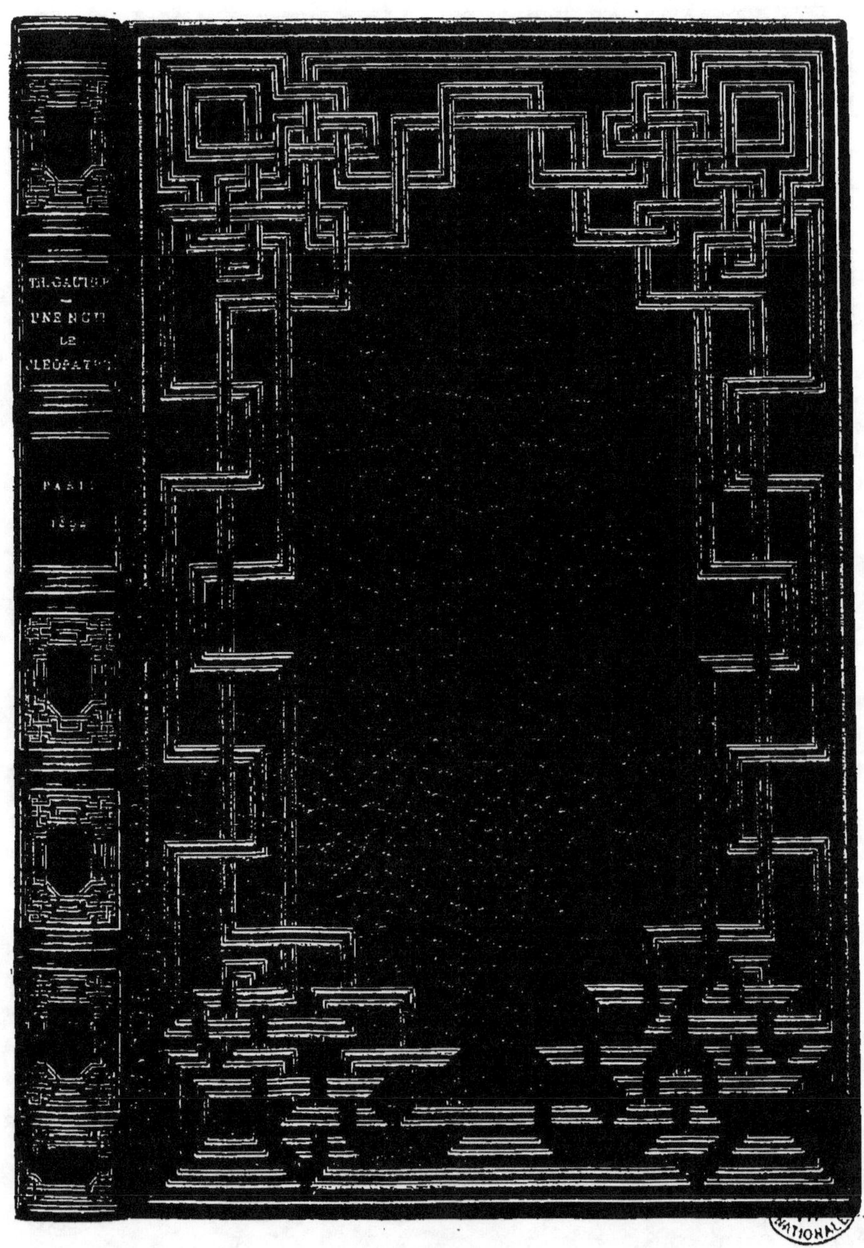

CHAMBOLLE-DURU

37. TH. GAUTIER. - UNE NUIT DE CLÉOPATRE

254×182

HÉLIO. FORTIER & MAROTTE PARIS

NOULHAC

45. L. HENNIQUE. - PŒUF

280×220

HÉLIO. FORTIER & MAROTTE. PARIS

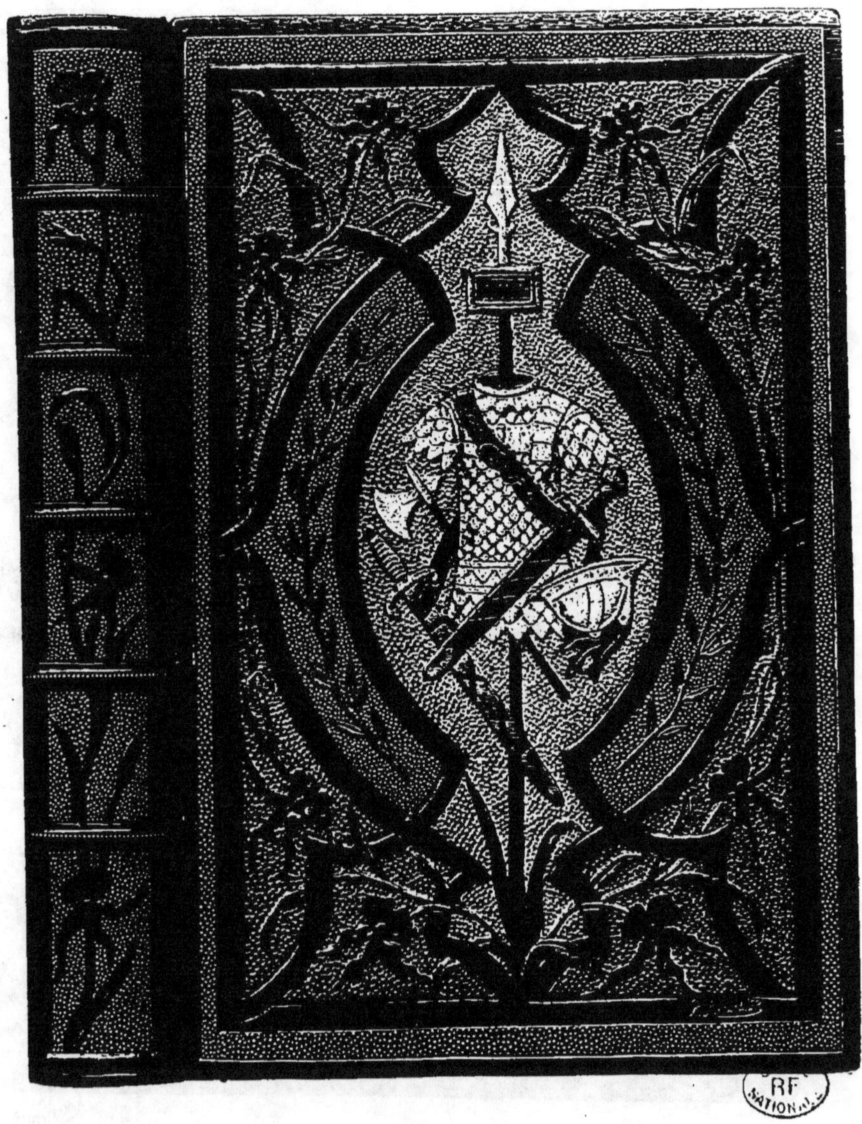

RAPARLIER

46. HÉRÉDIA. - LES TROPHÉES

212×171

HÉLIO. FORTIER & MAROTTE. PARIS

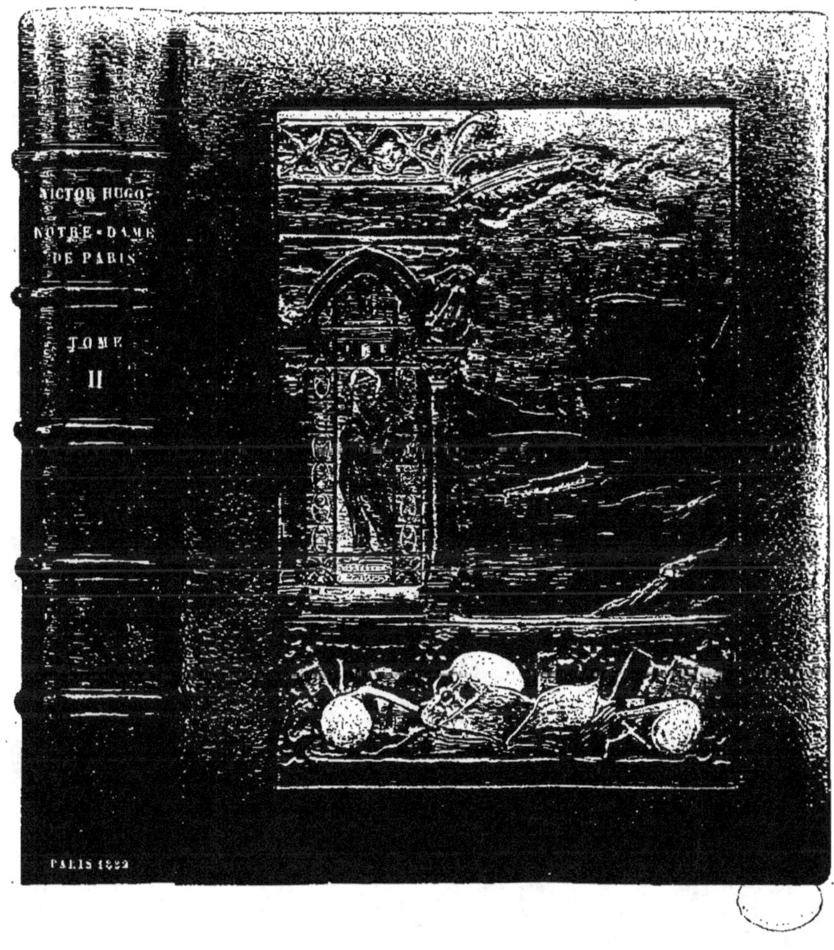

CARAYON

48. V. HUGO. - NOTRE-DAME DE PARIS. TOME 2

284 x 270

HÉLIO. FORTIER & MAROTTE. PARIS

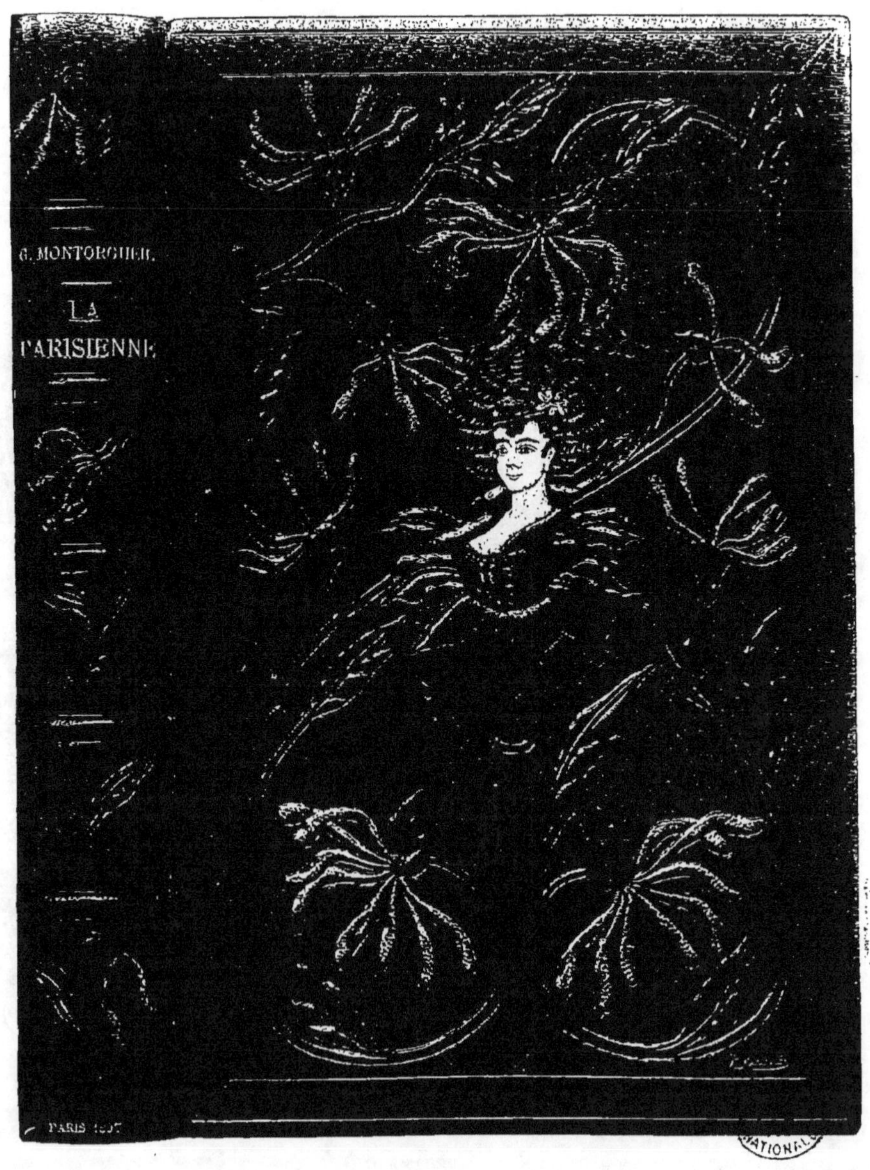

RAPARLIER

62. G. MONTORGUEIL. - LA PARISIENNE

260×202

HÉLIO. FORTIER & MAROTTE, PARIS

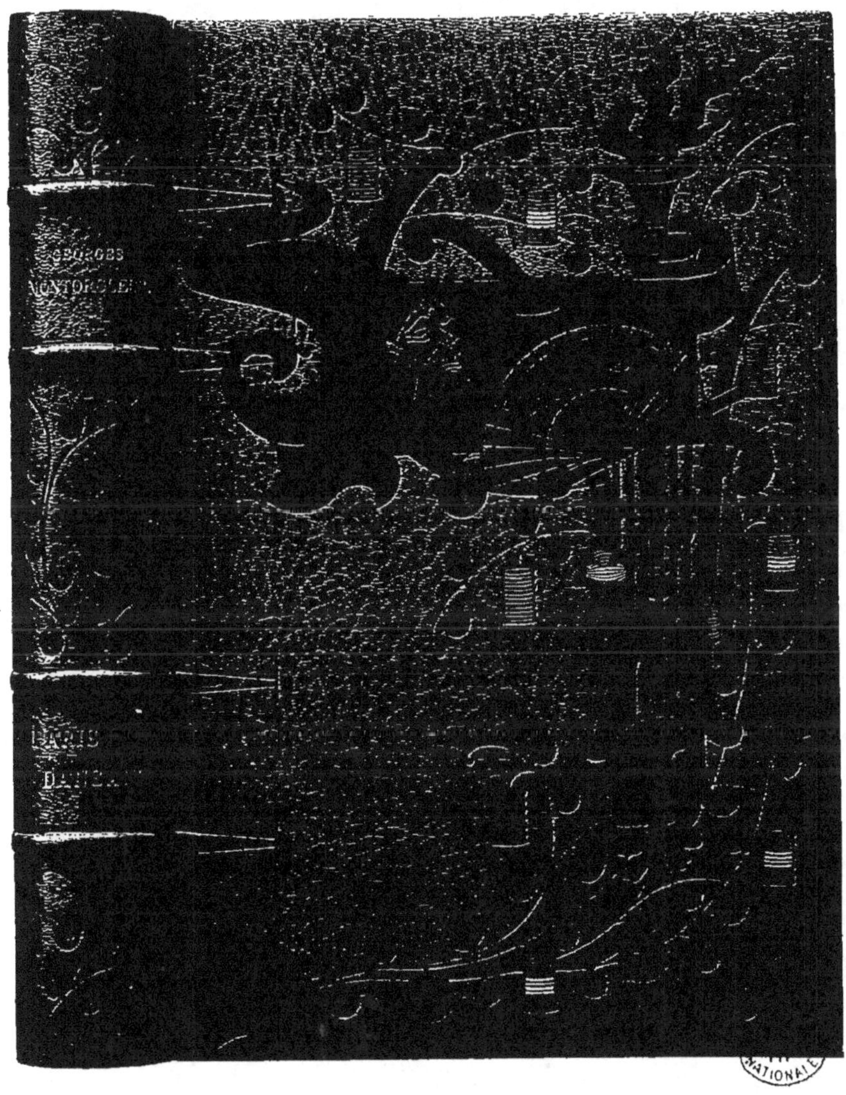

CH. MEUNIER

63. G. MONTORGUEIL. - PARIS DANSANT

293×239

HÉLIO. FORTIER & MAROTTE. PARIS

MERCIER

69. P. DE MUSSET. - LE DERNIER ABBÉ

248x178

HÉLIO. FORTIER & MAROTTE. PARIS

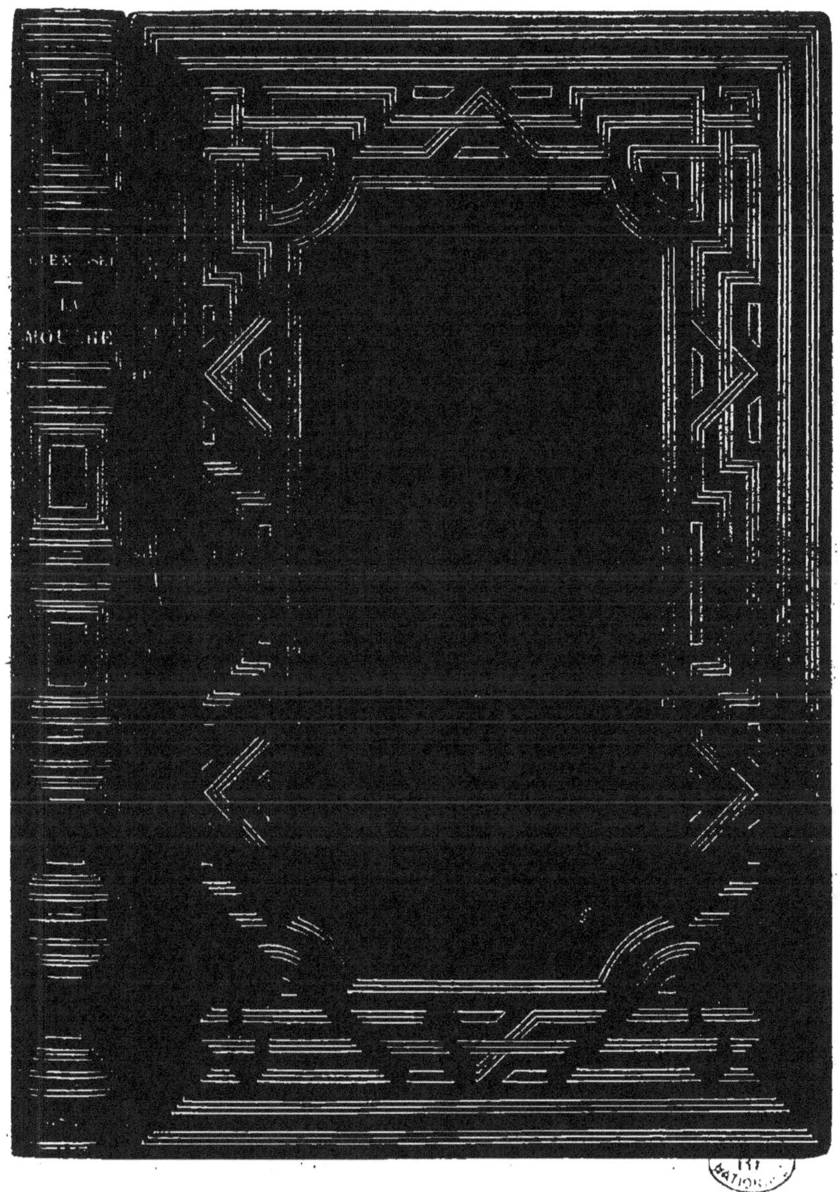

CHAMPS

68. A. DE MUSSET. - LA MOUCHE

253×187

HÉLIO. FORTIER & MAROTTE. PARIS

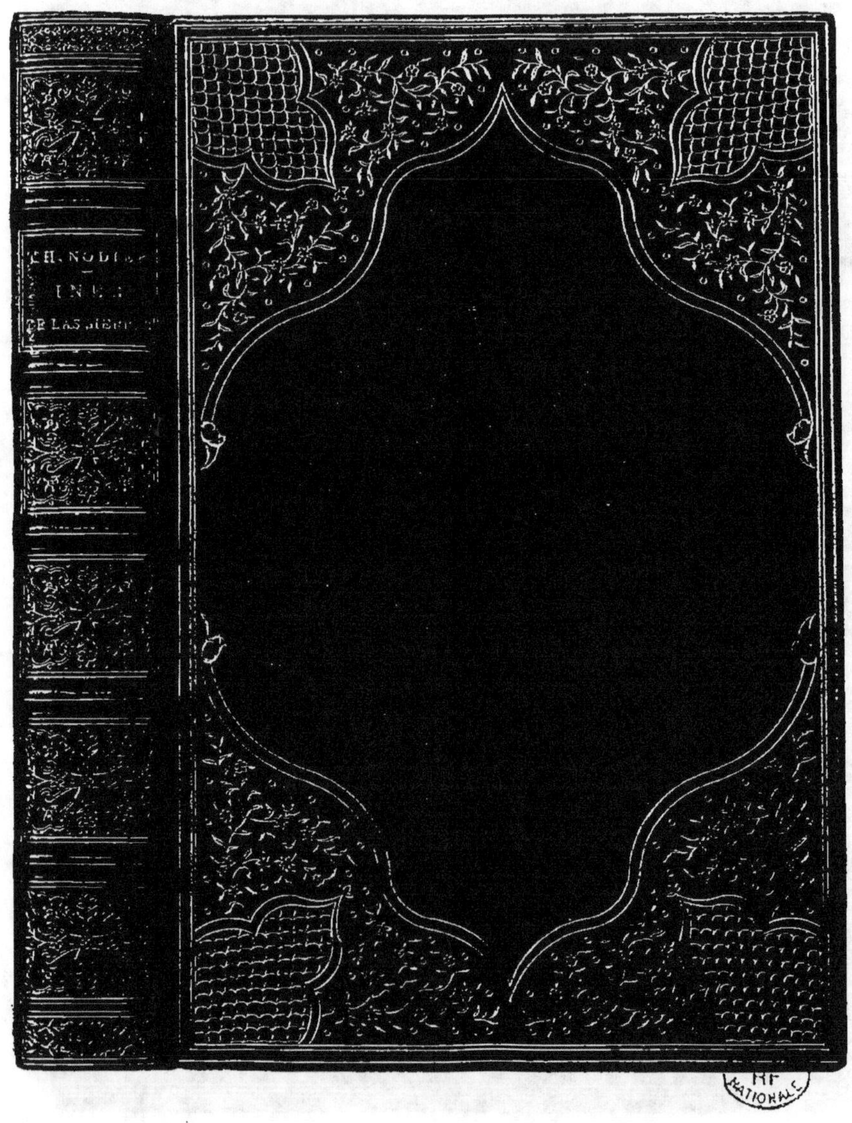

LORTIC

73. CH. NODIER. - INÈS DE LAS SIERRAS

284 x 230

HÉLIO. FORTIER & MAROTTE PARIS

CHAMBOLLE-DURU

92. A. SILVESTRE. - LE CONTE DE L'ARCHER

235×193

HÉLIO. FORTIER & MAROTTE. PARIS

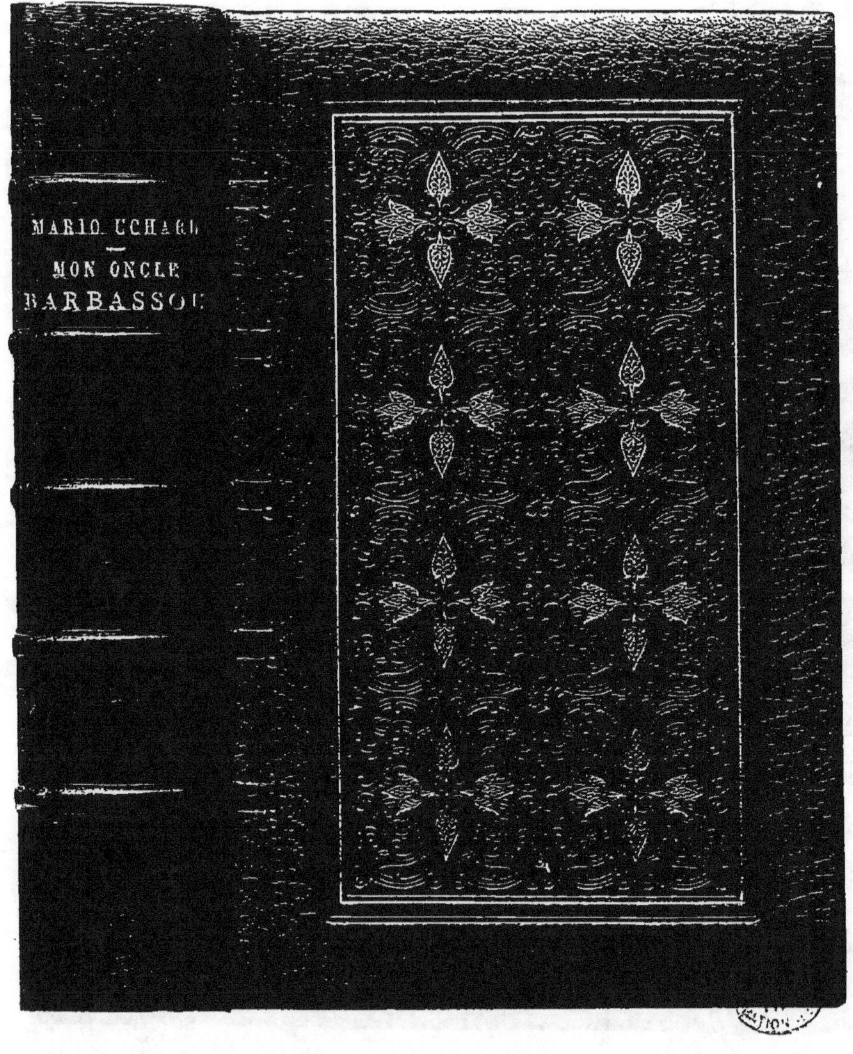

MARIUS MICHEL

96. MARIO UCHARD. - MON ONCLE BARBASSOU

250×213

HÉLIO. FORTIER & MAROTTE. PARIS

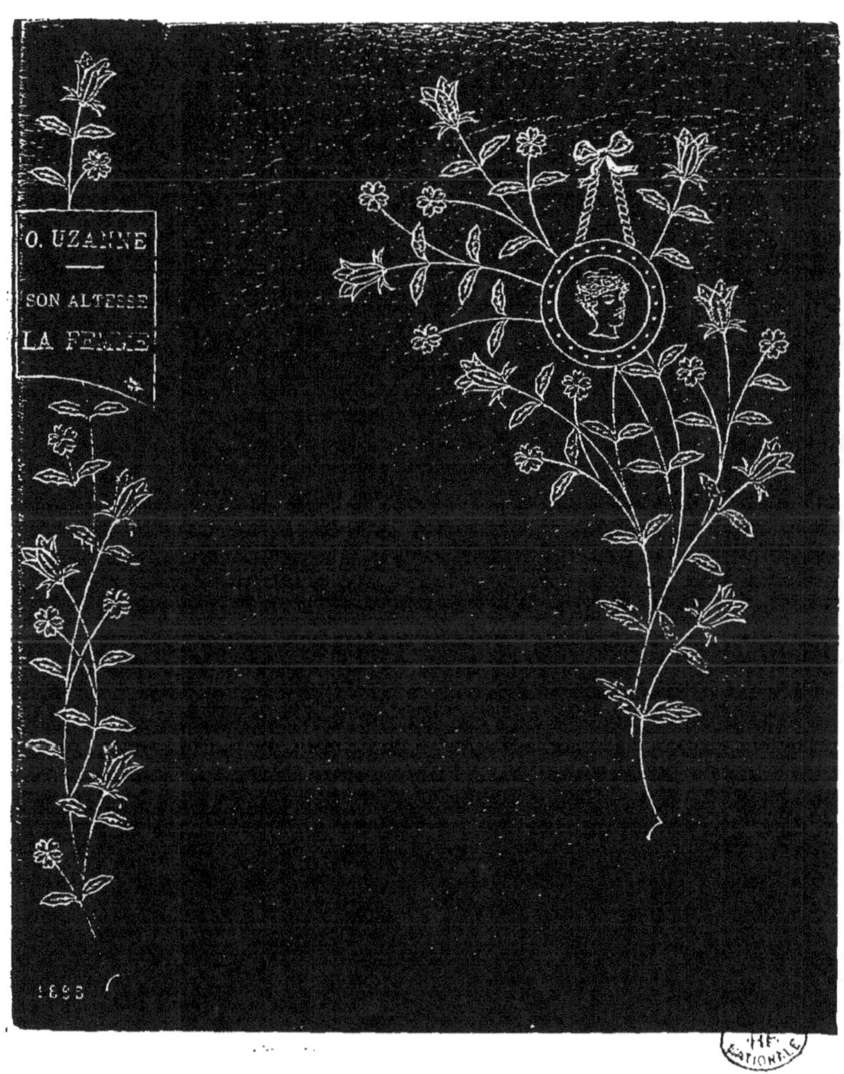

BRETAULT

97. O. UZANNE. - SON ALTESSE LA FEMME

291 x 244

HÉLIO. FORTIER & MAROTTE. PARIS

NOULHAC

105. VILLIERS DE L'ISLE-ADAM. - HISTOIRES SOUVERAINES

268×234

HÉLIO. FORTIER & MAROTTE. PARIS

Arras. — Imp. Schoutheer Frères, rue des Trois-Visages, 53.

www.ingramcontent.com/pod-product-compliance
Lightning Source LLC
LaVergne TN
LVHW010617110826
845149LV00003B/952

* 9 7 8 2 0 1 4 4 7 0 8 9 5 *